OSTINATO

Louis-René des Forêts

OSTINATO

MERCURE DE FRANCE
MCMXCVII

Il a été tiré de l'édition originale de cet ouvrage quarante-cinq exemplaires sur vélin pur chiffon de Lana numérotés de 1 à 45.

AVERTISSEMENT DE L'ÉDITEUR

La plupart des fragments recueillis ici ont déjà paru en diverses revues. L'auteur y a joint quelques inédits sans se soucier toutefois d'assurer un équilibre à cet ensemble dont la publication n'a pour objet que de rendre accessibles les éléments épars d'un ouvrage en cours, son état provisoire excluant toute possibilité d'organisation et sa nature même la perspective d'un aboutissement.

... comme une langue en peine de parole jeta le bruit de sa voix au-dehors

Dante,
Enfer, Chant XXVI

Le gris argent du matin, l'architecture des arbres perdus dans l'essaim de leurs feuilles.

Le parcours du soleil, son apogée, son déclin triomphal.

La colère des tempêtes, la pluie chaude qui saute de pierre en pierre et parfume les prairies.

Le rire des enfants déboulant sur la meule ou jouant le soir autour d'une bougie à garder leur paume ouverte le plus longtemps sur la flamme.

Les craquements nocturnes de la peur.

Le goût des mûres cueillies au fourré où l'on se cache et qui fondent en eaux noires aux deux coins de la bouche.

La rude voix de l'océan étouffé par la hauteur des murailles.

Les caresses pénétrantes qui flattent l'enfance sans entamer sa candeur.

La rigueur monastique, les cérémonies harassantes que les bouches façonnées aux vocables latins enveloppent dans l'exultation des liturgies pour célébrer la formidable absence du maître souverain.

Les grands jeux dits innocents où les corps se chevauchent dans la poussière avec un trouble plaisir. Les épreuves du jeune orgueil frémissant à l'insulte et aux railleries.

Le bel été qui tient les bêtes en arrêt et l'adolescent comme un vagabond assoupi sur la pierre.

Le pieux mensonge filial à celle dont le cœur ne vit que d'inquiétude.

Le vin lourd de la mélancolie, le premier éclat de la douleur, l'écharde du repentir.

Les fêtes intimes d'une amitié éprise du même langage, la marche côte à côte sur le sentier des étangs où chacun suspend son pas aux rumeurs amoureuses des oiseaux.

La fausse guerre dans les cavernes et la neige de Lorraine. Le désastre public sanctionné par l'ignorance, l'avilissement, les aberrations de l'esprit, les discordes, tous les décrets et spoliations qui préparent aux grands ouvrages de la mort.

L'attente du petit jour, l'ivresse d'avoir peur, les risques encourus aux clairières à franchir d'une foulée haletante.

La fille pendue à la cloche comme un églantier dans le ruissellement de sa robe nuptiale, le feu pervenche de ses prunelles.

Le cri émerveillé des naissances. La riante turbulence des oisillons qui s'éveillent et s'abandonnent au vertige encore inouï de la langue.

La foudre meurtrière.
L'enfant si belle couchée dans la chaleur blanche.

Le temps qui les en éloigne cruellement sans desserrer la souffrance.

Les nuits de mauvais sommeil, la parole perdue, son dépôt amer. Les pages embrasées par liasses comme on se dépouille d'un habit impur.

Le coude-à-coude serré dans l'abandon au rêve d'un renouveau qui abolirait les distances.

Tout ce qui ne peut se dire qu'au moyen du silence, et la musique, cette musique des violons et des voix venues de si haut qu'on oublie qu'elles ne sont pas éternelles.

Il y a ce que nul n'a vu ni connu sauf celui qui cherche dans le tourment des mots à traduire le secret que sa mémoire lui refuse.

Mais quand le tour est joué, faut-il en appeler à l'ancienne vie, réinventer son théâtre étonnant, avec ses cris, ses sauvages blessures, ses folies et ses larmes, si c'est pour n'y faire figurer que cette seule ombre tout occupée par le souci de la mort à inscrire son nom sur un tas de déchets hors d'usage ? Vieilleries, vieilleries ! Mettez le feu au décor, réduisez ce décor en cendres, foulez cette cendre avec la même indifférence que la terre qui n'est qu'un charnier où le bruit de nos pas sonne aussi creux que les os des morts.

— Tout cela n'est donc qu'une fantasmagorie ! Il faut tout brûler ?

— Laissez. Le temps s'en chargera.

Ce ne sont ici que figures de hasard, manières de traces, fuyantes lignes de vie, faux reflets et signes douteux que la langue en quête d'un foyer a inscrits comme par fraude et du dehors sans en faire la preuve ni en creuser le fond, taillant dans le corps obscurci de la mémoire la part la plus élémentaire – couleurs, odeurs, rumeurs –, tout ce qui respire à ciel ouvert dans la vérité d'une fable et redoute les profondeurs.

Petit enfant en chemise, pleurnichant sur une chaise de fer, avalant, reniflant, avec sa bouche toute blanche de bouillie, taquiné par le frère aîné qui mord à belles dents au plus épais d'une tartine.

La pelisse paternelle, son pelage bourru contre le nez retroussé, son parfum fauve et délicat, sa teinte rouille plus rutilante que la robe en peluche râpée du compagnon de jeu et de lit.

Soumis au gouvernement humiliant des servantes courbées à l'ouvrage autour du baquet à lessive qu'elles ont sorti sur le pré, dévêtu sans ménagement, soulevé de terre, étalé tout bouillant dans sa colère, le crâne casqué d'eau savonneuse qui lui pique les prunelles de son aigre venin, poings aux joues, pieds au ciel où flambe dans la vapeur le soleil comme une rose.

17

La terreur qui remonte de son ombre profilée sur la tenture le chasse tout vêtu vers le lit-cage qu'il escalade d'un bond pour s'y raidir après trois signes de croix, les yeux grands ouverts comme un mort dans ses draps.

Oreilles rouges, culotte de velours bâillant sur la pâleur des genoux, on le conduit par la main jusqu'au salon où les dames pomponnées s'étranglent de rire et de thé tandis que leurs doux doigts chatouilleurs le font niaisement se tortiller.

Guindée dans son corsage et ses jupes, la vieille demoiselle aux cheveux de froment, au visage aride comme un livre, l'œil sermonneur sous un pince-nez violet. Vocabulaire en main, lentement on se met en route. Deux pas en avant, un pas en arrière. Très laborieusement on se fraye un chemin dans les broussailles du premier savoir pour déboucher au prix de bien des pleurs sur un jardin dessiné avec un art si parfait que quiconque y accède est tenu d'en respecter l'ordonnance séculaire.

Petit voleur de poires, pour se déchagriner d'un traitement sans honneur, jouant avec le chien dans la resserre et lui parlant tout bas à l'oreille retournée comme un gant.

18

Cavalcade de gamins court vêtus, hotte au dos, culottes retroussées sur des jambes terreuses, journaliers bénévoles ou d'occasion pour quelques sous, fiers comme des princes du sang escortant un équipage royal. Coups sourds des barriques charroyées à travers champs jusqu'au vantail béant du cellier taillé en pente douce dans le roc, pareil à la cale d'un bateau où fume la fange vineuse sous la meule des pieds déchaussés. Les plus agiles juchés sur la gigantesque margelle de bois savourent le spectacle sphérique de ces travailleurs des ténèbres titubant épaule contre épaule à la lueur orange d'une lampe tempête.

Le soir venu, une odeur forte et douce enrichit les visages d'une gaieté divine. On entonne sous la voûte des refrains scabreux. C'est l'heure de rameuter les enfants étourdis de sommeil qui renâclent pour la forme.

Le vent sur la plus haute ligne des marées où roulent comme des dragées les galets gris tigrés de mauve, le vent souverain, sa froide saveur, son souffle fougueux qui vivifie jusqu'à l'os du crâne et des genoux l'enfant à l'écart séduit par les charmes de la mer.

Grimpant à l'arbre pavoisé de fruits, enfourchant les branches jusqu'au nid, fanfaronnant pour tomber comme une pomme véreuse aux pieds de la fille de ferme qui rit aux éclats.

Sur la plus haute marche du perron, jeune chat pelotonné dans l'étreinte des genoux maternels embaumés de chypre. Elle toujours si rieuse et active, chercheuse de morilles aux bordures des chemins, chasseuse de vipères dans les bois interdits aux enfants, qui sait par des chansons égayer le chagrin et d'une tendre caresse désarmer les bouderies, dure à elle-même sans ostentation, aimant les tâches domestiques, les fourrures et les fêtes, elle si grande ouverte à la vie, mais ferme et clairvoyante, mais sensible comme un oiseau : certains soirs, l'enfant bordé au lit la voit si belle qu'il ne peut plus fermer les yeux.

Loin des autres qui jouent dans la nuit, mêlant leurs rires à la fièvre de l'après-dîner, accroupi dans la chaleur secrète des bois, à écouter le discours d'un oiseau au plumage d'argent, son vif message chiffré, son appel étrange vers les fonds sans écho.

Claustré au lit, front en nage, tempes battantes, il s'éveille par à-coups sous la lueur sulfureuse de la lampe pour étouffer sa frayeur entre les draps qui enflent, enflent à toute allure comme échappant à la prise des poings agrippés. La cheminée de marbre déplace son ventre pansu

20

et béant sur les lattes du plancher où des pas résonnent militairement, les chaises étirent des pattes velues, le plafond oscille et se déboîte, ramages et passementeries vénéneuses se contorsionnent sur les rideaux d'andrinople à demi tirés. Dans le hublot du miroir, un vieillard chauve au teint crayeux le perce à jour de son regard oblique avec un mauvais rire. Une araignée géante se balance sur son fil au branle du halètement. Partout l'insécurité, la menace, l'épouvante tant qu'infusions et cachets n'auront pas déjoué le maléfice de la vision fébrile.

Dressé sur la pointe des pieds au cœur du laurier dont il écarte le feuillage pour jeter de vilaines grimaces à la petite voisine en visite qui, pendue au bras de sa mère, mordille nerveusement ses tresses en feignant de ne rien voir que les roses admirées pour leur carnation et leur arôme sans égal comme il sied à des hôtes bien élevés.

Toutes ces grandes personnes parlent sans répit et si fort qu'il se retire loin de leurs voix dans sa fable intérieure.

Que le lit se referme délicatement sur le corps fourbu avec la main familière le long des joues qui invite au sommeil, et c'est encore le bien pur de l'enfance – c'est son ciel paisible à peine troublé par la violence des larmes que transforme en sourire cette main protectrice dont la tache rose se garde comme un trésor au fond des paupières.

Piégé entre les quatre murs de la Règle, il se détourne pour écouter le vent sur la mer plus éblouissante au sommet des toits qu'une bêche frappée par le soleil.

Dans une volée de varechs et de galets, les culbutes des soudards en herbe croisant le fer pour la possession d'un talus rocheux et jouant avec emphase à qui pourra le mieux simuler la mort.

Dos au mur, jambes croisées, se tenant désespérément à distance des frêles clameurs auxquelles son corps tendu pour mieux entendre brûle et refuse de s'unir.

Oubliant les raisons qu'il a d'être en larmes pour faire face, poings fermés, jarrets tendus, à ceux qui le narguent, trop faible pour les réduire, mais l'œil si méchant qu'ils prennent peur et battent en retraite, comme interloqués à la vue de ce visage méconnaissable qui, une fois franchies les limites du jeu, a l'éclat meurtrier d'une folie impossible à contenir.

Vêtu d'une vareuse en toile à rayures blanches et noires dont le col pavillonne au-dessus de sa chevelure ourlée de soleil, les mollets dans la flaque où vibrent les crevettes, le sel du large lui soufflant sa poudre au visage qu'il pigmente et rosit comme un brugnon.

Sur la déchirure du couchant, par-delà les brise-lames battues d'écume, les nuages, le glorieux feu de leur duvet.

Fièrement face au psautier, enrobé jusqu'aux chevilles de blancheur cérémonielle, le grondement contenu des orgues brochant sur la vibration intime de la voix, le jeu modulé de son essor, la fragilité de sa chute et de la résolution finale qui brûle la gorge d'un trait de feu, il se donne par son maintien la dignité qu'on lui refuse.

Aujourd'hui encore, cette voix perçante et déchirée – premier germe d'une comédie qu'il n'eut pas toujours la force de jouer à voix basse, pour lui-même uniquement.

24

Dans la ruée belliqueuse des garçons aux maillots blasonnés, aux culottes en charpie, aux veines brûlant de fureur et de boue, tournoyant, suffoquant, pataugeant avec la giclée des flaques en travers des yeux, éprouvant leurs muscles pour défier la peur, chacun fonçant sur chacun comme du feu sur du feu, petit capon au sol, la tête courbée sous les bras, implorant honteusement sa mère.

Les jambes écartées que moule au pli du genou la fraîcheur neigeuse du lin, à faire voler gracieusement dans la demi-couronne d'un nuage le bulbe d'argent tout bourré d'encens et de braise en un mouvement métronomique qui, pour s'exercer au ras du sol avec souplesse, procure comme un sentiment de conquête et fait vibrer le poignet en action d'un plaisir musical.

Plus fort que la peine, ce rire subit qui explose au visage dans la dissolution des larmes.

Enfants gais comme l'air que le tourment du péché condamne à devenir sournois et secrets sous le regard d'un dieu sans gaieté qui les met au pas et leur interdit de rire. La lumière se fait plus grise, plus dur le devoir et l'oisiveté pesante : le jeu même perd entre ces grands murs son goût sauvage.

Grains de poudre exposés au premier éclair. Images mémorables ou d'impulsion pure qui assaillent comme une tempête pour investir le lieu où parle la voix, et ce serait aller bien en vain à l'encontre du mouvement irrésistible auquel elles obéissent que de ne pas les accueillir comme choses de maintenant et d'à jamais – et qui ont toujours été.

Au fond de la haute salle capitulaire, orgueilleux petit drôle troussé à plat ventre sur l'escabeau, la verte férule mordant sa chair figée de honte et d'effroi, le poignet en travers de la bouche pour étouffer ses plaintes.

Sans rien en propre, sans lieu où échapper aux regards, se jetant dans les jeux avec l'ardeur brouillonne d'une jeune bête parquée, n'ayant droit qu'à un lit de fer pour s'y dissimuler tout entier jusqu'au cruel sursaut du petit matin.

Prosterné sur le tapis de haute laine à secouer la clochette d'une main énergique derrière l'officiant qui brandit le ciboire et le pain céleste par-dessus son crâne chenu, à soulever de l'autre main entre le pouce et l'index la chasuble lourdement chamarrée maintenue raide à la cassure du pli, l'échine inclinée très bas sur le craquement des bottines et le frisson un peu indécent des dentelles.

Souffrance, détresse, fureur dont il se délivre par le rire, et c'est ainsi qu'on le tient pour un garçon joyeux.

Boudeur et sans espoir dans la bruine des jeudis. Envol de jambes nues et d'écharpes, cris rouillés, parades à coups de ballon sur le pré couleur de billard. Le pâtre noir en faction derrière les genêts pique au crayon celui tout là-bas qui ne veut plus jouer sur la liste tirée de sa poche pour chaque manquement dont il dresse le compte et fera payer le prix fort à l'heure de son choix.

Très vulnérable sous les dehors de l'insouciance, mais si honteux de sa faiblesse qu'il ne peut que gaiement s'endurcir et s'alléger du poids des contraintes en subissant leur charme jusqu'à céder au plaisir pernicieux d'une servitude enfantine. Les actes d'insubordination répétés, les entorses au règlement, le goût affirmé de la paresse sont autant d'appels à l'autorité et comme les signes secrets d'une connivence avec la main castigatrice : à chaque délit s'inscrivent sur la chair les traces du collier que l'esprit, par fronde ou pour sauver la face, avait feint de rejeter.

Se sentant parfois si étranger aux autres qu'il les voit chacun d'un regard étranger, mais les reconnaissant à cette façon résolue si pareille à la sienne de marquer les distances sans baisser les yeux ni reculer d'un pas pour affronter de face et déjouer les atteintes de ceux que leur taille ou leur âge dotent d'un pouvoir despotique auquel nul n'oserait s'opposer sinon par une ferme contenance qui prouve le caractère, attire secrètement le respect et abrège le temps des épreuves.

Le front contre la jalousie du guichet à égrener de mauvais cœur la litanie coutumière des bêtises dites péchés véniels ou mortels pour qu'une formule magique expédiée à la sauvette lessive l'âme jusqu'à la prochaine semaine.

Les devinettes paraboliques, les insinuations à mots couverts, les périphrases inintelligibles du Père confesseur qui attend vainement de son jeune pénitent qu'il jette en pâture à sa curiosité malsaine les turpitudes dont la trop sèche désignation en termes généraux est moins le fait de la dissimulation que d'un défaut d'expression, moins celui de la pudeur que d'un embarras à distinguer entre tant d'actes commis dans l'irréflexion ceux qui demandent à être relevés. Force est de s'en tenir textuellement à la liste récapitulative de l'examen de conscience inclus dans le missel réglementaire – grossier schéma qui, prudemment exempt de détails suggestifs, n'est destiné qu'à rafraîchir la mémoire.

La franchise appuyée du regard pour rendre fiable et parfaire le mensonge que balbutie une voix sans timbre.

Sous l'angoisse, la terreur animale du châtiment, la honte intense dont la flambée aux joues est le signe – un désir obscurément subi, avivé par l'orgueil d'être désigné entre tous pour servir à la convoitise du maître qui prononce la sentence à voix doucereuse comme on accorde une faveur et qui en ajourne l'exécution comme on bride une envie pour qu'elle renaisse plus pressante.

Il tire fébrilement de sa poche un miroir à quatre sous pour se refaire un visage paisible avant de regagner la classe où il lui faudra subir comme une seconde vexation la compassion des uns, la joie mauvaise des autres.

En tête des processionnaires dont les ombres se découpent à la file indienne sur les murs de granit, petit soldat de Dieu empêtré dans une aube trop longue, la hampe pressée contre son cœur, écrasant de ses bottines cloutées les pétales défraîchis qui jonchent le pavé des rues et des venelles qu'on a tendues avec des guirlandes, la capuche blanche comme un cercueil ouvert sur son visage tout pétri de gravité. À chaque pause devant les reposoirs hérissés de cierges, la voix vieillotte de l'évêque en chape chatoyante sous le dais frangé d'or entonne le cantique d'espérance repris à l'unisson par les quarante-deux bouches des petits chantres. Hors les murs, les feux follets ondoient à travers les champs nocturnes et l'herbe fleurie des tombes jusqu'au sanctuaire marin où gisent comme des os de poulet dans la châsse enfumée d'encens les restes propitiatoires du Grand Bienheureux qu'on célèbre une fois l'an, qu'on implore à genoux pour guérir tracas et misères.

Dressé très droit le dos au pilier du caveau oxydé comme une armure, il sent rouler dans ses veines une intraitable et jubilante sauvagerie qui radieusement s'oppose aux dévotions séniles, aux prosternations idolâtres, aux fastes de la mauvaise charité illuminant pour un soir les ténèbres de ce rebut sacré où les enfants et les humbles conduits sous bonne escorte descendent en signe de soumission faire celui de la croix.

Sans cesse de là-bas à ici où le *je* n'est plus qu'un *il* douloureusement proche, douloureusement étranger, tantôt surgi d'ailleurs ou de nulle part, tantôt né sur place et comme déchargé par les mots de tout le poids de la mémoire qui subordonne la vérité d'une vie à la vérité des faits.

Enlacé et caressé par le maître, il se débat avec un rire idiot, des grimaces puériles sans se douter qu'il se rend ainsi plus désirable.

Loin d'en éprouver de l'ennui, il goûte les promenades collectives où le silence imposé favorise moins le repli sur soi que la contemplation avide du dehors qui est mis comme à portée de la main. Il laisse traîner la sienne le long du mur et des haies, elle frôle même le manteau des passants sur le trottoir. Il s'en faut d'un rien que sa frénésie le pousse sans souci des conséquences à quitter les rangs pour se faufiler parmi les flâneurs endimanchés et bondir sous une porte cochère. Or son seul geste est de remonter sa culotte avec un déhanchement, ou d'enfoncer sa casquette jusqu'aux yeux en prévision du pas qu'il renoncera à franchir.

Non pas aux prises avec un passé qui serait une préfiguration de l'avenir, mais restitué à l'ignorance de lui-même dans la lumière aveuglante du présent.

Il ne se sent supérieur à certains autres que pour la même raison qui les assure de son infériorité.
Je ne suis pas de votre espèce, non jamais ! Un cri de rage qui se perd dans le désert comme on se perd dans l'emphase.

Au premier jour des vacances, courant à la grève sous les grands nuages d'été pour se jeter tout cru dans l'alcool pétillant et salé, creusant le talus des vagues, riant aux anges sur leurs dos qui enflent et se brisent en éclats, échouant à leur frange pour rouler dans la froide douceur de l'écume, les membres rougis à blanc comme le fer par le feu.

Roi des prairies en col marin et sandales, à califourchon sur la crête du mur potager, les bras en corbeille autour du livre ouvert entre les cuisses, à rêver de féroces histoires, de larges exploits et d'aventures dans la pampa, si retiré dans sa lecture et dominé par elle qu'il sent le vent d'ouest lui traverser la bouche et ses reins se soulever comme d'une monture au galop.

À l'ombre de la tonnelle fourrée de roses, vieille dame débonnaire affublée d'un haut chapeau moka, la grand-mère égrène gâteries et caresses aux enfants qu'elle n'entend pas. Il y a longtemps que les oiseaux du printemps ne chantent plus dans son jardin. Ses joues ont la transparence du sel, et ses petits yeux sous le pli de la paupière la bonté craintive d'une bête abandonnée.

Le vocabulaire complice par lequel on désigne les lieux naturels, les odeurs saugrenues, les objets familiers, comme la geste barbare où on se fait quereller en un babil sans rime ni raison des personnages d'invention aux façons altières, aux ténébreuses intrigues, parés de superbes atours, pourvus de hauts grades et de prestigieux titres nobiliaires – jusqu'au plus fort de l'exaltation ludique où chaque enfant surenchérit en termes orduriers qui les font tous ensemble se tordre de rire sous l'œil stupide des parents qu'un prudent oubli du passé exclut de ce théâtre de la folie dont il est temps de tirer le rideau pour envoyer au lit ces princes séraphiques au langage de voyous.

Levé de bonne heure pour courir dehors à la recherche anxieuse du bengali perdu qu'il a cru entendre pépier dans son sommeil, sautillant d'arbre en arbre, sifflotant tête levée, pieds nus dans la menthe baignée des rosées du matin, à l'affût de toute forme fine et furtive qui fait frissonner le feuillage, s'embusquant jusqu'aux yeux dans les fourrés, sourd comme l'oiseau aux appels comminatoires lancés de loin par une fenêtre, posant un genou en terre pour essuyer sa sueur et ses larmes avant de reprendre à pas boudeurs le chemin de la maison où il écarte avec violence les tartines et le bol qu'on lui sert tout chaud en souriant de son chagrin.

Cette aptitude si étrange à déceler la note fausse dans la voix et les rires des personnes attablées qu'il épie par en dessous avec des yeux qui feignent d'être absents et qui jugent, comme de l'autre côté d'une vitre, silencieusement le monde. Garçon trop clairvoyant qu'enfièvre l'orgueil de sa science toute neuve, timide mais hautain comme un dieu, cachant sous un visage d'enfant la force dévorante de son mépris.

Empoignant les draps et s'endormant chaque soir comme pour sa dernière nuit dans la tendre colère des larmes qu'il oublie au réveil.

Bien grêles et discordantes encore, les premières notes d'un tout jeune rossignol... Au recto d'une page cornée du calepin en moleskine, la traînée des doigts sur le dessin jauni d'un théâtre en feu que survole un cheval ailé, mystérieux comme un rébus héraldique...

Talonné au juste par quoi ? Par rien, mais ce rien est tout-puissant.

Chute au ralenti le long des parois d'un puits où souffle d'en haut le chaud et par en dessous un froid caverneux.

La compacte maçonnerie taillée à la romaine affecte la forme d'un cône creux fiché en terre que soutient à sa base latérale une dizaine de robustes piliers encadrant obliquement des soupiraux aveugles.

Gobé voracement, coulant d'abord à pic, sans voix pour crier, les bras comme ligotés au corps. Coupe-gorge, rapt, appel à la mort. Tout est derrière soi, il n'est plus temps de faire ses comptes, mais qu'importe puisque soudain délesté de son poids, animé d'un lent mouvement giratoire, le corps plane à la renverse, toutes jambes et bras déployés, jouant avec les courants qui le portent, comme en éternelle suspension sur une eau tourbillonnante, la face tournée par force vers l'orifice de la citerne bardée de pierres où le firmament découpe sa noirceur pailletée de semences.

Cygne funèbre tombé du ciel, lévitant, gravitant, girant au cœur lapidaire d'une fosse moisie, mannequin médianimique en flottaison, avec l'œil des ténèbres au-dessus qui suspend sa chute, loin du soleil des vivants. Caverne de l'être, danse aérienne du désir où le vertige se mue en attrait, où la durée se congèle en extase, cavité de la tombe ou du ventre maternel, sollicitation du plein par le vide, ou quoi que ce soit d'autre emprunté aux sombres officines du songe.

Sans destination, non pas errant ni désemparé, pas même avide de faire retour au cœur de l'enfance pour reprendre à l'oubli ce qui s'était perdu ou retrouver par le dehors sa propre figure et son propre sens, ni pour se rendre autre qu'il fut, mais mis en demeure, suscité, dessaisi, emporté par un mouvement qui a la force d'une injonction, auquel il cède dans un abandon ingénu, tel un héros de légende que toute sa vigueur d'être naïf fait triompher des embûches dressées sur son chemin par les mauvais anges du doute impuissants à l'en détourner. Trop intimement lié à ce qu'il conteste pour le soumettre à l'épreuve décisive de la contestation, et tirant peut-être de cette impossibilité même le pouvoir de traverser en toute candeur ce fond vaste et ténébreux jusqu'au point extrême du parcours, quitte à en brûler les étapes ou à retomber de très haut en une chute si foudroyante que le furieux appétit de destruction qui l'habite n'y trouverait pas à s'assouvir.

La campagne sombre et mouillée vue comme au travers d'une vieille vitre. Les coups de feu des chasseurs embusqués dans la futaie, leurs jurons de dépit, l'aboi perçant d'un chien. Les modulations mélancoliques d'un piano. La plume pointue des peupliers barricadés dans l'enclos où miroite au vent le linge domestique. L'empreinte d'une chaussure dans le gravier.

Rien que d'insignifiant, sauf pour l'enfant assis tout seul sur une marche du perron, qui écoute et regarde avec une intense gravité le domaine inépuisable du dehors, sa rumeur familière.

36

Gisant à plat sur le dos la tête pendante au bord de la falaise, les nuages d'arrière-garde qu'il voit entre ses genoux ouverts se démembrer, s'amenuiser dans l'air bleu comme absorbés à la façon des oiseaux par la pureté de l'espace.

L'éclat du dehors si magique pour le jeune être qui a le privilège de ne disposer que d'une expérience et d'un savoir très limités – auquel ce privilège sera très tôt retiré, toute vision renouvelée des choses ayant ultérieurement le sens d'un retour à la virginité perdue.

Alors qu'on donne le départ d'une course dans les bois, il reste sur place, non pas indécis, mais cloué au sol par l'étrangeté de sa décision.

De préférence aux coups de boutoir de l'indocilité et de l'effronterie – par lesquels on se donne le change en battant de la tête contre un mur –, la paresse utilisée comme énergie indomptable, car si le vaurien s'assagit sous les punitions redoublées, il n'est aucun remède à la désarmante apathie du bon à rien : en jouer sournoisement au point de passer pour impénitent serait jouer gagnant et doubler les maîtres en retournant contre eux le long apprentissage de la dissimulation.

Sauvageon aux dents de lait, aux ongles rongés, enfoui dans le fatras des manuels et des lexiques trop consultés, meublant, troublant, bâillonnant son cerveau.

Agenouillé sur la paille rêche du prie-Dieu à mimer la dévotion, le nez dans ses mains jointes pour étouffer un rire incongru dont la source est obscure comme les larmes d'un enfant ne sachant ce qu'il veut ni ce qu'il pleure.

Trop vert pour mêler son parcours à l'obscurité de la mort, mais attentif à ne pas chanceler comme quelqu'un qui marche la nuit et cherche par terre où il doit mettre ses pas.

Le rire insouciant qui brûle au nez du sérieux, la réserve prudente, l'acquiescement poli, le silence buté, le grand jeu de la contrition, la franchise trompeuse du regard qui est comme un don détourné de l'innocence, la fougue et la grâce animale des gestes par lesquels on sait charmer le cœur le plus inflexible, toutes les ruses particulières, les procédés sinueux et sournois dont dispose l'enfance et qui lui font perdre à jamais l'incapacité de rien dissimuler. Incurable mais salutaire duplicité qui devient bientôt son élément naturel hors duquel elle suffoquerait et comme son seul atout dans une partie inégale où cesser de tricher serait se découvrir en fondant prématurément sur la proie avec la sombre impatience des petits rapaces qui n'ont pas le bec encore assez long.

Comme un scélérat encordé au tronc, muselé par un foulard, allègrement soumis aux épreuves de la loi aventureuse.

Les bras en équerre, debout contre un tilleul dont les feuilles roussies bruissent au-dessus de sa tête comme les pages d'un cahier, écoutant rôder perfidement sous la fine averse le pas furtif du maître aux aguets prompt à bondir et à souffleter au premier fléchissement des muscles engourdis.

Châtiment cruellement différé pour entretenir l'anxiété, mais lui en faire grâce à la dernière heure est décevoir le long tourment de l'attente, substituer à l'inflexibilité de la règle les caprices de l'humeur, les mollesses de l'indulgence, effacer par une rémission arbitraire la beauté de l'intention délictueuse et, comme à un enfant choyé qu'on sèvre soudain de caresses, lui retirer jusqu'au droit de payer le juste prix de sa faute fadement imputée à la faiblesse du jeune âge.

Petit hobereau hirsute aux jambes poudrées de sable se débattant sous la poigne des rustres, les joues en feu éclaboussées de larmes, méchamment renversé et dévêtu comme une fille, le souffle coupé par la déchirante marée de la première semence que fait exploser dans le fourreau de sa paume le grand meneur de la meute qui le tient ferme entre ses genoux mais dont l'œil piqué comme un bleuet dans les mèches en broussaille adoucit la brutalité du geste.

Le coude à la hauteur de son visage ébloui et furieux, vacillant plein de trouble au centre du cercle qui s'élargit en poussière et voûté honteusement, la culotte tenue d'une main, filant à cloche-pied tout au fond du sous-bois pour s'y cacher des autres.

Solennellement traduit devant quatre hautaines figures chapeautées de barrettes, serré de près, cuisiné, menacé du fouet, mais sanglé dans son orgueil comme dans sa blouse décousue aux épaules, il ne dit mot. Silence jeté comme un long cri, dégainé comme une arme pour faire front à l'iniquité et se mettre âprement à l'épreuve du vœu purificateur d'aphasie que semonces, sommations, chantages cauteleux ni châtiments n'ont pouvoir de délier.

Le refus obstiné d'une dénonciation que dictent les règles de l'honneur répond plus encore à la répugnance

40

d'avoir à entendre ces maîtres grimés en inquisiteurs déflorer, avilir ce qui fut une révélation d'une intensité stupéfiante, bien que liée à la frayeur et à un sentiment de honte extrême. Courber la tête, mentir, prendre une attitude protestataire ou penaude auraient eu également le sens d'une vérité inavouable qu'ils se seraient employés par tous moyens d'intimidation et de coercition à extirper, quand ce visage illisible ne leur offre aucune prise, tient leur ruse en échec, frappe même de dérision le cérémonial sévère dont ils entourent à dessein la comparution en lieu clos : seule l'extorsion d'une parole délatrice attestant la complicité dans la faute leur eût permis d'en mesurer le plein effet et d'appliquer sur-le-champ la peine réparatrice par laquelle se conclut rituellement la séance : la brûlure du fouet pour effacer la souillure.

Il ne peut plus tendre la main vers les autres, mais contemple parfois la main de son voisin pour y trouver un appui.

Par-dessus la grève où gisent à sec les barques fardées de mauve et de jaune pur, les nuages se dénouent au ciel dans un grand mouvement de voiles pour y étaler le pompeux éclat de leur blancheur pansue, plumeuse, écaillée au pourtour d'un doux gris pigeon. Vaste buanderie en plein vent. Carte largement déployée qui change à vue. Théâtre céleste auquel la chaleur accumulée du jour déclinant fait

41

prendre un tour dramatique que renforce la troublante apathie de l'océan, sa teinte soudain aciéreuse ou vert nuit autour des roches cernées comme d'une encre bistre qui rend visibles à l'œil nu leurs aspérités aussi nettement qu'à travers une lorgnette. Des éclairs tout au loin fouettent le cirque ravagé des nuages, et les eaux funèbres déjà se creusent comme vibrent derrière soi les premiers arbres sur la côte encore blanche de soleil.

Ce qu'on entend venir de très loin comme le roulement d'une marée qui monte à l'assaut sur le sable, c'est le mal, le beau mal défendu avec son lait nourricier dont le corps se défait au moment de dormir, avec sa trace pénétrante qui obscurcit de remords tardifs l'âme timorée que menace la damnation érigée en doctrine, peinte en couleurs sulfureuses pour instruire la jeunesse et la détourner de vivre.

Les maîtres qu'il a acquis la faculté de percer à jour et qui, le sachant, perdent patience. Le plus rusé soutient son regard pour en émousser la pointe.

Agenouillé sur les dalles disjointes de la chapelle, jeune cannibale qui tend le cou et ouvre le bec à la sainte substance qu'il faut sans y mettre les dents laisser couler avec respect dans le gosier trop étroit, petit agneau de Dieu aux paupières hypocritement baissées, comme investi et pétrifié par une foudroyante jouissance intime.

Un si grand étonnement d'être en état de vie qu'il cherche à perte de mémoire les traces obscures de sa première mort, mais nul fil pour conduire à rebours jusqu'au nœud de la trame. Autant d'efforts chimériques pour perforer l'épaisseur de ce très dur minerai qui ne se laisse pas détruire et interdit tout accès au désert sans énigme de la nuit immémoriale.

Le fier silence où il s'enferme exprime de quelque façon ce qu'il aurait à répondre s'il n'avait pris le parti de se taire.

Sachant par ruse donner à sa docilité une forme si excessive, un tour si parodique que ceux-là même qui la recommandent et l'exigent en sont troublés au point de souhaiter l'y voir renoncer comme à une aberration incompatible avec la nature exubérante de l'enfance dont la condition servile n'est maintenue que par le rappel incessant au respect de la règle, toute violation étant la garantie de sa survie et l'obéissance aveugle sa plus mortelle ennemie.

Les caprices, les vaines terreurs et les tourments, les imaginations inavouables qui naissent du ventre pour s'insinuer jusqu'à l'âme comme un feu noir rongeant ses fondements, l'entourant d'un halo de mort – auquel elle résiste et s'abandonne à la fin sans repentir, toute grâce tarie, dans le délice de sa consomption.

Heureux renversement par lequel ce qui n'a pas eu lieu se reconnaît à distance comme un produit innocent de la mémoire.

De même qu'un ciel sans soleil et sans nuage serait réduit à la fade inanité de sa surface bleue où le regard se noierait d'ennui et que le ciel nocturne privé d'étoiles n'offre à la contemplation que sa noirceur insignifiante, faisant de nous des aveugles, une telle opération pour qui s'y livre sans calcul et sans frein répond à la nécessité de restituer son dû à un monde endormi que seuls les temps forts illuminent.

Tout le reste est un champ de ruines perdu dans la nuit.

À certaines heures du soir, cette sauvagerie endiablée qui chasse d'un seul coup le morne ennui des devoirs et sonne le ralliement des garnements indomesticables au front dur et têtu, aux yeux crus comme des jurons, les uns rafraîchissant de petits rires séditieux l'air où on les tient confinés, les autres jouant impunément aux plus fins sous le masque d'un visage irréprochable, tandis que le maître somnolent dans sa ruse entrouvre à peine les paupières pour limiter le jeu de son regard pareil à une lame de précision qui voltige de banc en banc par-dessus les têtes plongeantes et enferme un nigaud dans ses mensonges qu'il devra expier au pied de la chaire en ravalant ses larmes, les mollets blancs comme du lait offerts aux morsures sifflantes du cuir émincé par l'usage.

Entre ses doigts appuyés sur le front pour l'oraison pénitentielle, le mince fuseau solaire qui rehausse d'une touche ardente la caisse obscure du chœur comme un chandelier éclaire le vide solennel de la nuit.

Les temps forts non pas seulement ni toujours, car il en est dont l'éclat s'est terni quand d'autres invisibles jusque-là ou tenus pour négligeables se projettent avec une intensité que rien n'aurait pu faire soupçonner, traversant le champ, perturbant les points de repère pour s'inscrire à leur place sans toutefois s'y fixer, parasites en formation perpétuelle qui s'animent, s'échangent, surchargent l'espace de telle sorte que l'œil sollicité à la fois de toutes parts, désorienté par cette effervescence de signes, ne sait plus ce qu'il y cherche mais ne peut s'en détacher.

En marge du cahier de brouillon, la plume se dévergonde pour griffonner des emblèmes équestres, des cœurs fléchés, des signatures aux paraphes orgueilleux, des faces rondes taraudées à l'occiput par une vis géante, des profils moustachus aux cols raides comme du fer-blanc, des voiliers voguant sur un trait horizontal légèrement ondulé ou piquant du nez sur de rageuses arabesques, des chars romains zébrés de fines hachures qui suggèrent le galop de coursiers bondissants à poitrail musclé et longue encolure, des babylones aux tours couronnées de créneaux, aux ponts-levis dressés comme le couvercle d'un piano, toutes figures de fantaisie tracées par un écolier rêveur qu'à le voir la langue pendante et la main si active on croirait absorbé studieusement dans son thème.

Même assis au fond de la classe, il semble qu'on n'aurait qu'à étendre le bras pour toucher du doigt la devise pédagogique inscrite en lettres médiévales au-dessus de la chaire : HIC PVERI STVDIERE, OBEDIERE ET ORARE DOCENTVR ! Cerné d'un trait noir, le point d'exclamation menaçant comme une cravache suspendue au mur, mise en garde qui s'use à la longue et n'exerce tout son effet que sur les nouveaux venus.

Agenouillé les bras en croix sur le froid damier du réfectoire, les fesses tendues à l'aplomb des chaussettes torses et des semelles éculées, comptant autant de fois qu'il faut pour oublier sa posture mortifiante les lys du dallage échelonnés jusqu'au mur où s'étale en gigantesque format son

46

ombre comme un oiseau de nuit cloué par les ailes, évitant de croiser le regard méchamment excité qui guette sa moindre défaillance pour s'offrir à huis clos le spectacle délectable d'un jeune visage embelli par le flot de la honte, que chaque coup fait frémir, grimacer de douleur et, tout orgueil vaincu, implorer miséricorde avant le terme de l'épreuve.

Est-ce un rêve que la nonchalance active du sommeil a pourvu de plus franches couleurs, plus troublantes à la fois et moins périssables que celles d'une réalité devenue obscure dont il n'eût servi à rien de remuer les cendres si elles sont froides ? De toute cette matière assoupie il ne subsiste qu'une part infime passée au crible d'une langue qui se cherche et cherche à s'en rendre maître, qu'elle modèle, tisse selon une loi que le hasard impose, ou parfois même suscite à partir de rien là où c'est sa fonction, et sa vanité, de restituer la vie à ce qui n'en avait plus comme de la dispenser à ce qui n'en aurait jamais eu sans elle. Aussi vide de raison d'être que la nécessité qui l'enchaîne, ce rêve dont la répétition est le principe ne prend consistance que pour autant qu'il s'élabore et se maintient hors d'un souci pointilleux de véracité auquel se soumettre reviendrait paradoxalement à se masquer, or il faut se découvrir dans le double sens du terme, quitte à n'apparaître que pour disparaître au plus vite, comme un acteur qui répugnerait à soutenir longtemps son rôle et pour lequel le plein feu de la scène est un endroit de perdition, les moments où l'être se révèle dans sa nudité étant aussi rares que fugitifs et la pénombre, plus que la clarté où il s'expose imprudemment, son lieu d'origine et d'élection.

Leurs sobriquets n'ont plus le pouvoir de le mortifier, bien qu'il n'ait pas appris à en user contre ceux qui le persiflent, mais tout bonnement à se taire, au point d'en avoir les lèvres sèches. Il se repose sur la certitude de disposer lui aussi d'une arme, même si la sienne est pour ainsi dire invisible : un sourire, un regard, rien de plus.

Enfants captifs aux corps taillés dans l'abstinence, si mal nourris par la lumière divine qu'ils se livrent à de grotesques contorsions pour endormir la faim et s'unir aux gracieuses figures de leurs rêves. Semblables par leurs lèvres retroussées sur les dents à des criminels dans la nuit, ils s'inventent une proie qui n'aurait de commun avec eux-mêmes que la tendresse de la chair et l'indifférence au péché, car ce que chacun recherche en ces maigres jeux, c'est la forme ignorée du plein amour, non pas un paradis désert, mais le brûlant partage que suggèrent ces princes drapés dans leur rhétorique de palais où gronde parfois le feu d'une funeste passion qui échauffe la voix des comédiens d'occasion ruisselant de timidité sous le déguisement et les fards.

Par les chemins couverts courant à bride abattue sous la conduite experte du petit valet de ferme, bon gré mal gré rampant à quatre pattes derrière lui comme une bête à travers les broussailles, déboulant sur la prairie, escaladant les clôtures où il accroche sa culotte du dimanche, trottinant hors d'haleine, le front couronné de sueur, boitillant dans sa foulée jusqu'au ruisseau pour se laisser choir à la renverse sur un grand lit d'herbes et tous les deux s'y prélasser côte à côte en suçant des tiges, le visage basculé sur le ciel céruléen où tourbillonne comme une toupie un nuage d'étourneaux. Après quoi, on se relève d'un bond pour s'en aller traîner ailleurs bras dessus, bras dessous, scalpant les orties au passage, effarouchant à cris perçants les poules d'eau, toujours en quête de sottes prouesses qui peupleront les souvenirs de vacances.

Tout ce qu'on entend venu d'en haut fustiger à voix déclamatoire et qui est appelé passion mauvaise, il faut la brusque chaleur du sang, le frisson dans les reins, la transe merveilleuse pour en révéler aux enfants le sens obscur et les ouvrir tout fiers à sa beauté séduisante.

Ce visage farouche et fermé, ces yeux tournés vers les fonds défendus, cette bouche qui se tait pour refouler les blasphèmes, ce corps tiré sans douceur du long sommeil de l'enfance, âprement travaillé du désir de mal faire, auquel la joie chaude du jeu ni les pieux efforts pour se croire encore visité n'apportent plus l'apaisement d'autrefois.

49

Aux vêpres de juin quand le latin chanté à tue-tête empourpre les joues et vibre comme une trompette sous la nef ensoleillée avec cette inutile ardeur qui glace d'ironie parfois le cœur insurgé, quand la cloche à toute volée carillonne dans les cours et qu'au fond d'une chambre étouffante se détourne le visage de celui qu'on cherche à capter par des caresses et d'intimes approches avant d'en venir à l'argument frappant qui fait filer doux les enfants inaccessibles aux conseils et à la raison, lorsque à l'heure chaude de l'étude où grince par les fenêtres grandes ouvertes l'archet d'un violoniste apprenti, le corps se voûte sur la leçon à repasser avec ce jeune fruit au ventre qui gonfle la culotte d'été et attire la main sous le pupitre, que les doigts barbouillés de craie s'embrouillent au tableau où un coup brutal vient rectifier la formule et qu'il faudra encore quitter son banc pour se balancer d'une jambe sur l'autre devant la chaire les mains au dos et s'offrir à la risée en oubliant tous les mots, le monde poursuit à distance le fiévreux mouvement de son histoire, ignoré en ces murs impénétrables où le temps se vit au passé sous une règle de fer.

Dans l'extrême désolation qui le détourne de tous, il ne parle plus à quiconque, sauf à lui-même, et encore avec une sorte de dégoût, comme si le monde du dehors et celui du dedans s'étaient donné le mot pour lui faire expier son défi orgueilleux.

Pour la pose, sagement assis en tailleur au fronton d'une ribambelle de visages mutins ou chagrins sous la brosse militaire des cheveux, avec son air songeur et ses doigts tachés d'encre qui trouent une fossette sur la joue inclinée vers l'épaule. Le maître au centre arborant le regard d'acier et le port inflexible d'un homme en règle avec Dieu laisse flotter sur sa bouche mince comme un orvet le sourire circonstanciel de l'affabilité, les deux mains aplaties en éventail aux angles de la robe lustrée, ces longues mains fines et froides de pédagogue faites pour séduire, pour apprivoiser, pour courber, expertes en cajoleries aiguës et en cuisantes fessées.

Très peu de pièces à conviction : il n'en attend ni garantie ni soutien, les écartant presque toutes comme des objets de trouble et d'entrave qui n'offrent que des signes insignifiants, des preuves improbables, rien qui soit propre à nourrir un mouvement où le réel et le fictif, en s'inscrivant dans l'espace commun de la langue, dissimulent leur nature, se soustraient aux vérifications, opposent aux servitudes de la mémoire le jeu inventif de ce qui ne se revit que dans la surprise de sa venue, sous le jour d'un éternel présent, à égale distance de la nostalgie et d'un souci de thésaurisation.

Sur le cliché jauni que date approximativement le style désuet des vêtements – chemise à large col ouvert, blouse de toile sanglée par un ceinturon à boucle métallique évoquant le moujik ou l'enfant de troupe, culotte courte en coutil munie au revers de chaque jambe de deux boutons superposés, chaussettes blanches maintenues à mi-mollet par un élastique parfois défaillant, brodequins graissés avec soin pour la circonstance –, les jeunes figurants, échelonnés selon leur taille, tendus vers l'objectif et manifestement soucieux de faire bonne contenance, n'en reflètent pas moins chacun à sa manière – grimace craintive amortie par la main posée devant la bouche, sourcils douloureusement froncés, nuque engoncée dans les épaules – une sorte de fébrilité hagarde liée à la présence parmi eux de ce fantôme ténébreux tout pénétré de son office magistral, dont on croirait au premier coup d'œil qu'il n'y occupe pas seulement la place d'honneur dévolue à sa fonction, mais qu'il est le centre de convergence de tous les regards qui ne s'en détournent que dans l'attente du déclic.

Phénomène de réverbération plutôt qu'erreur d'optique. Malaise général sans doute imaginé après coup, réplique à peine atténuée de l'envoûtement, attrait et terreur mêlés, que ce prêtre perverti dans sa vocation pédagogique exerça journellement sur un enfant pour lequel il laissait percer une préférence sans mansuétude et qui, soumis corps et âme à son autorité, fut deux ou trois années durant la

52

victime de ses déconcertants procédés : sévir pour séduire, capter pour affranchir.

Sous la caution d'une règle disciplinaire instituée de longue date, à laquelle il ajoutait des prescriptions de son cru destinées à faire de l'obéissance une vertu impraticable, maintenant chacun par principe éducatif dans un état d'insécurité et de vigilance incessant, entretenant au cœur d'une communauté étroitement confinée dans l'oraison et l'étude un climat d'instabilité, de tension exaltée et de violents conflits qu'aucune influence extérieure ne venait tempérer, s'adonnant à des comportements excentriques propres à intriguer et à accroître son emprise, mais par le ferment de révolte qu'il instillait dans les esprits naturellement portés à la somnolence agissant sur eux comme un révélateur salubre d'énergies ; engageant les plus intrépides, tantôt durement châtiés au moindre écart, tantôt gratifiés sans motif d'une caresse ou d'une épithète flatteuse, à lui tenir front, sinon à s'en défendre par la ruse, sous peine de rejoindre dans la servilité ceux qui, par défaut de hardiesse, dépérissaient à l'ombre de son mépris.

L'omniprésent, l'audiant, le voyant comme Dieu même, espion et ravisseur des âmes juvéniles assujetties à ses décrets, mais qu'il visait toutefois si peu à niveler que seules s'attiraient sa faveur les natures indomptables qui manifestaient à visage découvert une volonté d'émancipation qu'il feignait de blâmer et ne réprimait sans merci que pour mieux l'affermir.

« Toi la mauvaise tête ! », compliment par lequel le gamin qui le reçoit se sait promu à une dignité que les autres redoutent et lui envient, comme il sait d'instinct que le premier signe de faiblesse l'en ferait déchoir aussitôt, qu'il lui faut pour s'y maintenir jouer très serré avec la sagacité d'un équilibriste sur son fil, car le moindre faux pas lui serait fatal, ainsi qu'il advint selon la légende à nombre de ceux qui l'avaient précédé dans sa dilection et qu'ils perdirent, faute d'avoir su rester dans les limites de leur rôle qui demande pour celui qui aura à le jouer un pouvoir de discernement, une sûreté infaillible dans le dosage entre la retenue et le déchaînement, une aptitude aussi à se faire le complice des humeurs, des lubies auxquelles, acceptant d'en pâtir mais jouant le jeu, il oppose les caprices de sa fierté, toute admonestation ou menace suivie d'effet étant comme une grâce qui s'offre à lui pour le séduire. L'élu, s'il en a conscience parfois jusqu'au malaise, doit se garder d'une attitude provocatrice qui, à multiplier abusivement les actes d'indiscipline, le ferait soupçonner par le maître de vouloir lui souffler son rôle et d'être le véritable maître du jeu.

Cette tête ronde de jeune garçon surmontée d'une croix à l'encre violette est celle d'un mort parmi d'autres enfants dont les yeux vifs proclament impitoyablement : tu n'es plus des nôtres !

54

Ce qu'il a oublié ne l'oublie pas.

Ce qu'il ne voit bien que pour l'avoir perdu de vue est aussi ce qu'il aspire à revivre pour l'avoir vécu dans la méfiance et l'aveuglement.

Le visage plus vieux que le cœur qui a gardé un peu de la fierté de l'enfance, sinon ses refus, son désespoir bouillant, sa sauvagerie de loup, toute cette force silencieuse mise par deux fois à l'épreuve sous le déguisement du défi.

Si longtemps attaché de court et réduit à l'obéissance que toutes les bouffées du dehors lui sautent au nez, fraîches et nettes comme un fort coup de vent sur le pas de la porte refermée derrière soi.

Que d'années à se défaire du pli, à se délester des chimères, à se décrasser des niaiseries, à rompre le cercle étouffant de la faute et du rachat, à prendre le large loin de ces tenaces mais si touchantes impostures auxquelles butent les furieux élans de l'enfance façonnée dans la cruelle chasteté et le miel du respect, et qui doit tenir sa langue en attendant que vienne l'heure où la rébellion fusera au grand jour comme germe une plante après un long hiver.

Précarité de la pulsion répétitive comparable au rythme de la vie plus qu'à celui de la nature – non pas l'avancée et le retrait ininterrompus des eaux sur la grève, mais le souffle inspirant, expirant jusqu'à l'expiration dernière qui marquera pour le dernier homme la fin des temps, tandis que la mer poursuivra son va-et-vient infatigable à travers un temps de nouveau sans histoire.

Tout ce qui ne peut se dire que dans un excès de mots fébrilement jetés sur la page comme autant de coups de dés malchanceux, la mise chaque fois renouvelée en pure perte jusqu'à dilapider ses dernières ressources et se retirer d'un jeu auquel on feindrait de ne s'être prêté que par dérision, sans nul souci du gain, sans nul attrait pour ses vertiges... Mais parler en terme de jeu – où l'être jouerait en se perdant – c'est méconnaître la nécessité d'un mouvement qui de tout son poids s'oppose à la désinvolture qu'affiche le beau joueur faisant avec une froide élégance contre mauvaise fortune bon cœur pour dissimuler son dépit d'avoir risqué et manqué sa chance.

Le garçon hébété aux joues sans couleur salies par les larmes, aux cheveux coupés ras en deuil de sa mère, c'est vainement que les deux chiens pendus à ses premiers habits d'homme lui font fête. Une tape sur la truffe refroidit ces fougueux élans qui ne sont plus de saison. L'humeur joueuse ne s'éteindra pas cependant avec l'enfance, ni avec l'âge le souvenir de cette nuit d'été où il a découvert sur le très cher visage le pouvoir exorbitant de la mort, la mort et la vanité des prières.

Si longtemps reclus au loin, il revoit plein de la lumière la plus gaie le peu de jours qu'ils furent ensemble. Il aura appris à ses pieds le bonheur de rire et parfois, la nuque sur ses genoux, le charme des vieilles rengaines qui semblaient aux yeux ensommeillés de l'enfant voler toutes légères dans l'espace, effleurer les hautes boiseries de la salle où il retournait le soir en coup de vent implorer une dernière chanson et une autre encore qu'elle lui accordait de bonne grâce, non sans un peu le gronder d'avoir quitté le lit après l'heure du dernier baiser.

Quand elle se sentit à la veille et seule avec sa peur de mourir, son regard disait doucement : adieu, adieu, tu ne me verras plus jamais.

Il a fallu la brutale vérité du lendemain pour lui en révéler le sens, rendre irréparable la faute de n'avoir pas su même y répondre par un geste d'humeur qui lui eût fait entendre sans la rassurer qu'il en rejetait la pensée de tout l'élan de son cœur impétueux. Instant de distraction insensée, coupable négligence dont il aura ensuite et pour longtemps à payer le prix, bien que ce dernier regard d'une tendresse bouleversante ne parût exprimer aucune plainte, rien demander en retour ni assistance ni compassion, où ne se lisait qu'un peu d'inquiétude à le voir encore tout enfermé dans sa sauvagerie, privé avant l'heure de son meilleur soutien.

Veillée par quatre cierges funèbres, revêtue de tulle blanc comme une jeune fille parée pour ses noces, est-ce donc ainsi que fut bien avant qu'il ne fût né celle qui, n'étant plus, oppose aux déplorations des vivants le miracle éphémère de sa jeunesse retrouvée ? L'enfant debout dans l'ombre la reconnaît à peine et, sitôt la chambre quittée, court en pleurant cacher sa détresse au fond du parterre de roses à l'abandon qu'elle élaguait le soir avec une délicate précision.

Jamais dans ses rêves il ne saura qu'elle est morte, comme si le rêve était le seul élément où elle pût se maintenir en vie – une vie cependant réduite, lacunaire, répétitive, sans autonomie propre ni unité, d'ailleurs aussitôt démentie par la déception du réveil, aussitôt recouverte par l'oubli qu'entraîne la reprise des devoirs quotidiens.

Pousser la grille du triste jardin où on dit qu'elle repose est un geste qu'il ne fera pas. Refusant de jouer à le croire habité, il n'entre pas s'y recueillir. Ni là ni ailleurs, le vrai lieu des morts est nulle part.

Mais il traverse les dents serrées la chambre rouge aux volets clos d'où une servante avait couru l'avertir en pleine nuit – l'effroi, le ressentiment, la stupeur incrédule qu'elle fût morte, et hors de toute présence ainsi peut-être qu'elle-même en avait décidé.

Mais il la voit en manteau de fourrure se hâter joyeusement à sa rencontre sur le quai d'une gare enneigée, unique séquence d'un rêve toujours semblable que le réveil coupe chaque fois à son moment le plus merveilleux.

Il tourne autour de son absence comme à la recherche d'une issue par où la rejoindre, trop jeune toutefois pour désirer s'y laisser attirer jusqu'au point de non-retour, mais qu'elle revienne, qu'elle soit là et qu'étant de nouveau là sans y apparaître en personne elle l'aide à vivre cette absence absolue qu'est sa mort dans un rapport d'intimité et non plus d'exclusion, fût-ce pour en attiser la douleur qu'une étrange sécheresse a frappée d'inertie.

Certaines nuits, sa main droite tendue en l'air hors des couvertures fait le signe de croix sur un visage qu'il a cru voir lui sourire et qu'ayant ouvert les yeux il ne voit pas.

La nature tout autour endeuillée, comme soumise elle-même en ses moindres recoins à la consigne du silence : c'est, au vrai, un silence de bête assommée.

Décontenancé d'avoir perdu sa forme première, gêné par cette voix qui n'est plus sienne, mal fait encore à son enveloppe trop grande où il se tient tout bête en des postures contraintes, évitant les regards pour regarder ailleurs, inaccessible aux autres dont il affecte d'ignorer la langue, se croyant masqué par son orgueil qui lui intime de se taire.

Adolescent oublieux de son corps, si fallacieusement épris de son âme qu'il la creuse en ses profondeurs comme on force une porte qui n'ouvrira nulle part.

Ce visage encore de fille qui cherche fixement au miroir le secret de son être et les signes invisibles de sa maturité à venir – contemplation insoutenable quand se fige sur le tain la face effrayante d'un inconnu.

Dans la boutique où officie l'onctueuse nonne-paysanne corsetée de bure gris souris, ce grand monsieur au front altier qui précieusement de sa main baguée emballe comme un jambon le volume onéreux si longtemps convoité – *calmes et froids et purs ces doigts ne se sont-ils jamais fourvoyés ?* –, Stephen lui-même, Stephen le héros au gilet brodé maintes fois entrevu depuis lors à travers les rideaux de la fenêtre familiale, Œdipe roi en souliers de tennis poussant raide devant lui sa canne blanche sur le trottoir d'en face.

Fringant ragazzo à col amidonné et panama en paille de riz sur l'oreille, copiant puérilement, cigare aux lèvres, l'opulente distinction d'un dilettante. Sous le faux soleil de la Galleria, le babillage rituel des mains.

Les hautes voiles des peupliers lombards qu'enflamme à la pointe un dernier jet de soleil, et la nuit s'abat en fins éclats violets sur la plaine, en bouclettes gris de fer sur le fleuve battu aux berges de brouet limoneux.

Sous le ciel fauve de Cortone que l'orage enveloppe de ses filets de foudre, toute une noce avinée en débandade à travers champs, la jeune mariée, deux lis fanés à la main, abandonne au vent son voile nuptial, un petit chien jaune jappant en demi-cercle à ses trousses.

Étudiant taciturne tout barbouillé de faux savoir, haïssant la compétition et les titres, juché en exil sur le plus haut gradin des salles ouvertes au verbiage des docteurs qui s'écoutent parler en parlant pour les autres dont le regard parfois se ferme ou s'égare à détailler les fades académies du plafond. Il n'y aura qu'ensuite, si le cœur est assez fort le secret à trouver, la vraie tâche à accomplir en acceptant le risque de pécher par impatience et d'avoir à se déjuger.

De Dieppe à Newhaven et vice versa, la chorégraphie aérienne des mouettes escorteuses qui harcèlent de leurs cris le piètre navigateur cassé en deux sur sa valise, les pommettes verdies jusqu'au port par le roulis et l'huile écœurante des machines, doublement mortifié les deux fois dans son orgueil d'une lignée fameuse et d'une vocation renoncée par inaptitude à la science requise. Ce cruel verdict du corps sonne comme un renoncement plus amer.

Londres, *sa verte élégance.*
À la Tate, le soleil rive un mol œil jaune sur le trafic fluvial. Platanes et pins déploient leurs ramures géométriques dans le cirque bleu des collines.
Marches et contre-marches dans la grande ruche brumeuse où il accorde son pas à celui des banquiers aux visages glabres, aux regards incurieux et sans hargne, moulés dans leurs vêtements sobres et bien coupés assouplis par l'usage, le parapluie tenu d'une main comme un bouquet, miteux quant à lui avec son paletot défraîchi et ses pantalons trop courts de petit paysan mal léché.

Accosté en chemin, poursuivi et menacé par la voix de fausset d'un marchand de bibles en haut-de-forme et mac-farlane anachroniques, foulant à grandes enjambées le gra-vat et le mâchefer des chantiers désertés par la pause de midi, côtoyant les estaminets aux relents de grillades et de bière éventée, longeant les entrepôts maritimes cerclés de hautes grilles, circonscrits par le gibet des grues, où s'em-pilent comme des catafalques les denrées coloniales recou-vertes de bâches maculées par la fiente des mouettes, grif-fées par leurs becs, avec le nom de chaque firme inscrit au pochoir en capitales vermillon. Assis sur un rouleau de chanvre, genoux au menton, à contempler l'énorme coulée toute marbrée de rinçures, toute fumante de rumeurs et de poix où les cargos filent à plein ventre, bondissent avec une grâce molle et superbe, scient l'oreille du sifflement de leur sirène en se croisant comme de gros poissons qui s'ignorent. Ruelles, impasses et arrière-cours aux briques lépreuses teintées du rouge sombre des manufactures qui vire à l'orange quand s'allument les réverbères alignés comme des bocaux de pharmacie. Squares élégants de Kensington aux façades de théâtre bardées de portes ver-nies où rutile le cuivre des heurtoirs. Froide rosée pluviale sur les pelouses fraîchement tondues, éclats de rire dans le brouillard où se houspillent à coups de casquette les der-niers écoliers qui polissonnent avant de rentrer au chaud pour la veillée hivernale de cinq heures, perles de rosée aux flancs guillochés de la théière dont le fumet brûlant se flaire de près comme un vin.

Angleterre, grande île excentrique, lieu d'instance et de

recours contre les mauvais vents du continent, terre tenace et roborative tout autant sienne et plus que la patrie latine où flambe de fatuité un vieux coq sur ses ergots.

Dans la clarté poussiéreuse d'une bourrasque, les grands chiens lisses et musclés qui sautent aux naseaux des chevaux grelottant de fureur, le palefrenier, fouet en main, courant en tous sens, lapidant les dogues par brassées de cailloux, et c'est soudain l'apaisement du vent et des bêtes, le soleil sur la verdure criarde du paddock où flotte indécis au bout d'une perche un étendard tramé de losanges rouges et blancs.

Visages d'enfants penchés à toutes les fenêtres, qui regardent d'en haut tête contre tête le spectacle avec un air de bonheur : les cavaliers en demi-cercle armés de torches et de bannières, les amants purifiés par leur tragédie qui tombent à genoux dans les bras l'un de l'autre au son des fanfares, les projecteurs mobiles qui ratissent d'auréoles nébuleuses les flancs de l'édifice tudorien ordonné en amphithéâtre où le vent siffle de tous côtés avec la fureur d'un feu en cage.

On entend au dénouement une musique virginale dont les contreforts se renvoient les échos et, comme les lumières s'éteignent une à une, certains quittent leur place sans applaudir, d'autres s'y attardent encore un moment, le nez levé vers les étages où les petits fantômes se sont évanouis aussi prestement qu'en bas les acteurs et la cavalerie des figurants ont vidé les tréteaux.

Les derniers badauds pressent le pas pour rejoindre la foule perdue dans les brouillards de la lande. Couché en travers d'une marche de bois, les mains sur les yeux, il persiste à prolonger la vision des figures magiques encadrées par la pierre. Le vent a faibli. Il quitte les gradins à contrecœur en se retournant trois fois.

La troisième personne pour s'affirmer contre le défaut de la première. Il est ce que je fus, non ce que je suis qui n'a pas de présence réelle. À moins d'y voir l'unique et dernier recours pour se décharger de sa propre personne.

Non, ce n'est ni lui ni moi, c'est le monde qui parle. C'est sa terrible beauté.

Sans autre force que sa fierté, mais insoucieux comme pas un de donner la preuve de son être, avec cette sorte de folie qu'il faut pour refuser ses chances.

Drapé dans sa timide dignité, mauvais convive bayant au monde qui n'est pas le monde où jeté à la trace de son frère il se rencogne comme un enfant maussade qu'on a laissé à la porte.

Graciles formes diaphanes embrumées d'organdi safran ou rose-thé tourbillonnant sous un double diadème de chandelles aux flancs de cavaliers dégingandés à figures de poupons. Concert de voix flûtées, caquetage de bon ton, gauches révérences, baisemains et galanteries noblement maniérées, juvéniles émois, coquettes contorsions, joyaux ruisselant en gouttelettes sur le satin des gorges et la courbure des épaules.

Laiderons aux mains pendantes qui attendent lugubrement minuit.

Dames de haut vol en brochette sur les sofas, racées des chevilles aux poignets, éprises d'elles-mêmes et de leur nom, mères vigilantes dont la denture de fauve et l'œil flétri dardé à la ronde sur la fine fleur de la jeunesse dénoncent le commerce obscène.

Friandises offertes en gants blancs aux quatre coins d'un fastueux décor pris dans les reflets de cristal et d'argent. Lambris de marbre, miroirs, bois de rose, verdures, paravents chinois, fenêtres ouvertes sur les frondaisons bleues des buis.

Monde féerique, immonde féerie qu'il récuse en prenant congé à l'anglaise sur la pointe de ses souliers vernis pour se glisser entre deux portes et comme on se tire d'un mauvais lieu courir au-dehors, les joues livides de nausée.

L'air est tout clair par-dessus les nuages qui roulent en contrebas dans le cratère du ciel renversé. La pipe à foyer de porcelaine au coin des lèvres, il gravit la pente chinée de neige sous un froid mordant comme du vinaigre, guidé jusqu'au plus haut refuge par le bruit léger des eaux qu'il entend sur sa gauche dévaler le cours des pierres.

La terre changeant de figure déploie au soleil de midi ses cimes nacrées, ses marches bleues, son silence parfait.

En bordure du vieux cimetière de Linz, gravés sur quatre tombes contiguës veloutées de mousse quatre prénoms, quatre noms, quatre épitaphes semblables aux huit dates indéchiffrables qui augmentent la perplexité du jeune étranger de passage confronté à cette énigme insoluble, un long piquet au poing, frileusement encapuchonné comme un chevalier pour un tournoi, sous un ciel d'airain au fond noir de neige.

Vieil enfant qui chemine avec une froide lenteur dans l'ombre des murs, bredouillant, radotant, prophétisant à mi-voix sous ses mèches grises et ses yeux rougis de sang, cloîtré dans le tourment de l'avenir jusqu'à s'oublier lui-même et négliger les autres qui ne savent rien sur son compte.

Sous le feu haletant des clameurs, mille et mille mains servilement tendues comme une seule main vers la façade rococo drapée de toiles sanglantes à croix difformes où vocifère au balcon le chef infâme, le chimérique prédateur à casquette plate, le vulgaire filou, messager botté de la mort.

La fille qui longtemps lui a plu et qu'il voyait dans un épuisement douloureux prendre le frais chaque midi sur l'appui de la fenêtre, offrant au jeune idiot à l'affût sa superbe impudeur, le bleu catin de ses paupières, le rouge en cœur de sa bouche, un regard mangé d'ennui louchant à travers le torrent des cheveux, tout son buste hardiment dégrafé et transparent comme une paume sur le décor peint en noir de l'alcôve où, tard dans la nuit, un rire coupé de merveilleuses plaintes le jetait hors du lit pour rouler au sol, déchiré par le désir, accablé par sa misère, avec les mouvements de fureur d'une bête famélique rongeant ses barreaux.

Tout ce qui lui revient dans une lumière brutale, à quoi manque l'effacement de la distance, libre d'attache et même d'origine, ouvert au hasard et comme recouvrant au cœur de l'espace verbal sa vigueur première, sans que rien de concerté n'en commande le retour et n'en règle l'ordonnance.

Qu'il existe alentour tant d'autres choses que soi le rend soudain joyeux comme un enfant.

Il n'est à l'aise qu'au-dehors, il ne voit clair qu'en se perdant de vue.

Mal doué pour l'exercice de la parole reprise contre son vœu avec une timidité d'apprenti, doutant si c'est pour chercher à travers le corps dissocié du temps les moindres signes de son passage ou garder ce qu'il faut de raison, ou s'y perdre jusqu'au vertige – livré aux caprices d'un mouvement décousu qui le jette bravement hors de lui-même en annulant le jeu équivoque du retour à quelque expérience privilégiée, et cependant comme renvoyé par la ruée nourricière des mots à tout le tourment de sa propre vie.

De grands feux très au loin s'allument en même temps qu'ils s'éteignent.

Encloisonné dans sa chambre qu'il chérit comme un paysan sa terre, sans un regard pour ces lieux où se fourbissent au nom du savoir les armes de la puissance, entraîné dans le rêve et la tentation du signe par tout un peuple d'écritures.

Il tourne curieusement autour de lui-même sans oser se toucher même du bout des doigts. C'est donc cela, mais en réalité il ne voit qu'un décor où il aurait jadis figuré, ce qui lui procure un grand apaisement.

Ne reconnaissant presque rien en lui qu'il ne conteste, tout se passe cependant comme s'il s'était donné désormais pour règle de ne plus céder au mouvement naturel de la contestation, soit par volonté d'effacement, soit par certitude qu'il ne trouvera sa vérité propre qu'en faisant crédit au langage, dût-il persister à le tenir pour douteux, et donc à se donner le change – mensonge par omission sans lequel il basculerait à nouveau dans un silence d'autant plus inacceptable que, singeant le détachement, il ne conduit qu'à une autre forme d'imposture aggravée par le fait que c'est en un sens refuser de l'assumer.

Sa marche forcée consiste à l'éloigner de tout terme et à lui interdire d'aller nulle part. Que l'échéance demeure incertaine est peut-être justement ce qui l'encourage à persévérer. Bien plus : peut-être ne vise-t-il qu'à s'égarer toujours davantage, et qui sait si cette indifférence au but n'est pas la meilleure garantie pour le cas où les forces viendraient à lui manquer ? Peut-être, mais peut-être également s'est-il aventuré déjà trop loin. Tant de pas encore à faire, et si lents, avant de tomber le nez dans la poussière.

Les nuages orageux qui s'accumulent dans le ciel soufré : un climat de guerre imminente. Les uns s'y préparent en courant fermer les fenêtres, les autres attendent dehors, le visage levé, prêts à recevoir les premières salves, après quoi ils vont s'abriter à leur tour dans l'antichambre aux carreaux agrandis par les décharges blanches de la foudre. Les connaisseurs affirment sans y croire que l'ouragan ne saurait durer, mais il frappe la maison de plein fouet, dégarnit la toiture, et les murs s'écroulent avec leurs prophéties.

On verra bon nombre de survivants se relever en secouant la poussière des décombres pour reprendre leur train paisible, car la raison veut que, passé les mauvais temps, chacun se retrouve tel que si de rien n'avait été.

Dans le tapage volubile de la chambrée, novice encore si mal accordé à la langue commune qu'il se tait, humblement surpris par l'étrangeté de la sienne, toute la rhétorique sans suc dépréciée par le franc-parler en casquette qui a le bel éclat de la vie et l'accent frondeur d'une émancipation précoce liée aux nécessités du gagne-pain. Il faudra jour après jour le mimétisme langagier pour combler les lacunes d'un lexique inapproprié, le piment des jurons, le gros sel de la blague pour faire fondre les méfiances et renaître au soleil de la camaraderie.

Loin d'en être humilié, qu'un officier à peine plus âgé le tutoie comme un garçon de douze ans lui apporte la preuve qu'en se maintenant au plus bas de l'échelon il a pleinement réalisé son dessein.

Là où la violation de la règle était la forme masquée de l'approbation, elle n'est plus ici que l'effet d'une défaillance, d'un relâchement imprudent ou chez les récidivistes d'une incapacité congénitale à s'y conformer, car hormis la volupté du risque, il n'y a rien d'exaltant à transgresser une loi qui, pour autant qu'elle n'a de fin qu'utilitaire – maintenir l'ordre –, n'est reconnue intimement par aucun de ceux auxquels elle s'applique avec une platitude déprimante. Elle n'ensorcelle tout au plus que les fanatiques qui ont pour vocation traditionnelle de l'exercer, mais l'exercent avec des gants, en général *impersonnellement*, et sans s'attarder comme on redresse un quelconque maillon de la chaîne. Ne compte pour rien à leurs yeux cette masse anonyme, maintenue dans une morne soumission, avant tout soucieuse de dénombrer le temps qui la sépare du terme légal que les menaces d'un monde troublé rendent de jour en jour plus incertain.

Il feint d'ignorer ce que son éducation lui a appris pour se concilier les gradés de tous bords qui ne prisent rien autant que l'ignorance, si ce n'est le savoir pratique, la dextérité ouvrière, et à juste titre : l'une leur permet de tenir les hommes en main, l'autre de se reposer sur eux dans les situations délicates où, à défaut de compétence, ils s'attribuent la responsabilité de la décision qui leur revient de droit, il est vrai, mais dont ils ne feront état qu'en cas de réussite.

Qu'un soldat sans grade qualifie de dégradante la tâche qui vient de lui être assignée – à l'état civil, employé de bureau et comme tel indigné d'avoir à se salir les mains –, cette comique impropriété dans les termes est liée à la méconnaissance d'un statut qui le réduit pour un temps à n'être ni plus moins que ses pareils en treillis – manœuvres, garçons de ferme – dont il se distingue par une cuistrerie grincheuse de gratte-papier au teint blafard, à l'élocution affectée, et déjà en ses moindres gestes toute la retenue parcimonieuse d'un petit retraité.

Piqué au garde-à-vous, les mâchoires serrées, l'œil perdu, à cinq pas du sous-officier qui, les poings sur les hanches, lui jette au visage une bordée d'invectives, c'est tout juste s'il n'en éprouve pas une sorte de plaisir, celui de retrouver au-dedans de lui-même le ricanement oblique de l'enfance, plaisir gâché toutefois par l'obligation de rester immobile les bras au corps, tant il doit se faire violence pour ne pas céder à ce tic autrefois irrépressible, lorsqu'on lui adressait une réprimande, de tirailler sa lèvre inférieure entre le pouce et l'index, ce qui lui valait alors de s'entendre intimer : « Et s'il te plaît, laisse donc ta bouche tranquille ! » – mais rien n'y faisait, les doigts l'instant d'après, comme échappant à son contrôle, remontaient tripoter la lèvre sans qu'il en fût du tout conscient.

Que cette algarade hors de proportion avec la minceur du délit soit motivée par une animosité personnelle ou destinée selon l'usage à faire trembler les jeunes recrues et à leur inculquer le respect de la hiérarchie, il a beau se conformer strictement à la règle qui veut qu'un subordonné se tienne raide et impassible devant son supérieur, loin d'améliorer son cas, il ne fait que l'aggraver à en juger par le teint congestionné, les cris aigus, la gesticulation frénétique de ce tyran de quartier auquel une attitude irréprochable paraît d'autant plus suspecte qu'il la ressent comme une ironie dirigée contre l'agressivité brouillonne de la sienne, mise en évidence par l'emploi sans discernement de procédés d'intimidation aussi grossiers.

Pour se tirer d'affaire, plutôt que de continuer à le fixer bien en face – et, contre son gré, avec une expression de bravade sarcastique, celle d'un héros amusé d'attiser la fureur des dieux –, mieux vaudrait affecter de perdre contenance, courber piteusement la tête à la façon d'un écolier en faute qui encaisse son dû, ou bien pourquoi pas comme dans le temps jouer la comédie des larmes ?

Jeune peuple des casernes si longtemps tenu en laisse et manié comme de la canaille par les gâteux galonnés qu'il se déploie gaiement à travers bois et champs où furent conduits pour vaincre d'autres ouvriers, d'autres paysans, tous les morts obscurs d'autrefois.

Les uns qu'on voit le dimanche casser la glace sur la Meuse, les autres traîner de bordel en brasserie leurs gros rires de soldats qui s'ennuient.

Le temps reste à la neige, le cœur brûlant toujours d'anciennes fièvres. La verdure, le soleil, c'est pour demain, et qu'explose la guerre avec la nouvelle saison, tel est son vœu qui a le sens d'une protestation juvénile contre l'hébétude liée à la promiscuité et à l'ineptie des tâches, la force inemployée, l'engourdissement de l'esprit, les risibles misères, le cynisme bête, toute la fainéantise d'un peuple sans foi ni sève vautré aux frontières dans l'attente frileuse de son sort. Que viennent donc la mise à l'épreuve, les fureurs salutaires, le saccage, une réalité enfin active et mordante, fût-ce au prix de ce qui ne s'adresse à la raison que pour couvrir les calculs de l'avarice, le vieillissement du sang.

À ce monde désespérément assoupi, faute d'y rien trouver qui réponde à son désir d'une vie tumultueuse, il oppose le rêve d'un monde déchaîné volant en éclats par excès d'énergie, mais comme la rage de tout détruire porte avec elle sa lucidité, il ne lui échappe pas que cette exultation équivoque, d'ailleurs sans lendemain, est aussi un aveu d'impuissance, un consentement angoissé au pire qu'elle appelle et annonce, de sorte que renonçant pour finir à se débattre et à s'épuiser en futiles efforts, il prend son parti d'attendre sur ces eaux dormantes que la tempête d'une heure à l'autre – l'heure de vérité – se lève et l'emporte vers où ? la mort peut-être, mais alors il aurait perdu sa peine, ou bien quelque part cramponné à une épave, les yeux ouverts sur l'immensité du cataclysme si peu semblable à son rêve d'un univers rajeuni et purgé de ses déchets qu'elle ne pourra susciter en lui qu'un immense abattement.

Il marche tête basse sous les arbres du boulevard, usant ses souliers jusqu'à bien après minuit pour mettre fin par la fatigue du corps au mauvais enchantement, chasser les griefs, distraire les méfiances, redécouvrir tout au bout peut-être le repos du cœur et sa fierté perdue.

L'inquiétante quiétude de ces grands bois au bleu rêveur et brutal, à la houle presque imperceptible, que le guetteur de service interroge fébrilement par une fente forée à hauteur du regard avec l'espoir d'en voir sortir la meute des loups dont le voisinage occulte entretient chez les artilleurs cantonnés sur la côte une curiosité jamais assouvie. Comme tout est paisible, certains ne jugent même plus nécessaire de se mettre à l'abri du fortin, le moment en viendra bien assez tôt et ne viendrait-il pas avant longtemps dans ce coin perdu où on joue à qui jouera le premier, la prochaine relève permettra peut-être d'aller voir ailleurs le rideau se lever sur le spectacle promis.

Pour le moment, les sapins d'en face dorment au soleil sans livrer leur secret.

Dans le brouillard qui se déchire au fond de la forêt parsemée d'écriteaux, peuplée de soldats et de canons endormis, une fille coiffée d'un capuchon glisse entre les arbres avec un seau de fer-blanc traînant presque à terre. Comme le premier rayon du matin lui tombe sur le visage, elle presse l'allure, la tête profondément inclinée, le seau bleu lumière balancé contre son mollet et rutilant encore parmi les herbes, alors qu'elle n'est déjà plus au loin qu'une ombre sans contour, le dernier reste d'une vision rêvée dans le demi-sommeil de l'aurore.

Le plus souvent une attente pure et simple, sans espoir ni désespoir, qui semble aller de soi tout autant que n'importe quelle activité productrice, mais aussi une envie de courir ailleurs en toute hâte, ventre à terre s'il le faut, pour respirer un air plus stimulant, et du même coup rafraîchir sa vision des choses, rien jusqu'à la dernière heure n'étant jamais joué ni arrêté une fois pour toutes, sauf aux yeux de celui qui, enfermé passivement dans ses limites, attend de la mort seule qu'elle vienne l'en délivrer.

Mélancolique Papageno revêtu de feuillages, armé de pied en cap, le fusil au ventre, planté comme un baliveau à la proue d'une roche abrupte d'où il découvre toute la lumière de la plaine et mesure la lente modification des heures aux ombres forestières qui s'allongent obliquement sur le versant frontalier.

La nuit venue, pour tromper sa peur, il fredonne une chanson, mais si les fourrés sont giboyeux, il n'attend pas de la faune des Ardennes qu'elle cède à ses charmes guerriers.

Le chemin où il s'est engagé de son plein gré, il ne pourrait le quitter qu'en se jetant dans le fossé, à bout de force. Mais que gagne-t-il à s'y attarder, sinon qu'à porter ailleurs ses pas il s'enfoncerait en des ténèbres plus épaisses où il ne se verrait même pas disparaître ? Ici du moins l'obscurité lui est devenue si familière qu'il l'explore chemin faisant avec l'espoir très faible, il est vrai, de déboucher sur une issue : la meute de ses doutes fait cercle autour de lui, en fidèles compagnons, en gardiens vigilants. Presse-t-il le pas pour creuser les distances et parvient-il à les semer, ils ont tôt fait de le rattraper. Au terme de ce cruel jeu d'usure, le moment venu, ils lui sauteront à la gorge.

Quand donc finira la guerre ? interroge par temps d'orage le vieux paysan raidi dans la position de la mort avec cette voix coléreuse des sourds qui exigent une réponse. Mais il ne lui parvient aux oreilles que le bruit profond du tonnerre et le quart sonnant à l'horloge de la salle où voilà maintenant que des silhouettes casquées tambourinent aux carreaux. L'hospitalité accordée par les femmes, le grabataire en profite pour questionner ce nouvel auditoire qui s'ébroue autour de la table, plus désireux de boire un coup que de jouer aux augures. Lorsqu'il émerge de sa somnolence, une âcre odeur de cuir et de capotes mouillées flotte encore à travers la pièce déserte éclairée par un bout de soleil.

L'observateur clandestin écoute un moment le balancier battre les secondes dans sa cage de verre, les toutes dernières peut-être que lui accorde la vie, après quoi il se retire sur la pointe des pieds et court rejoindre ses compagnons d'armes qui, perdus dans la nature, coupés du gros de la troupe, sans directives ni munitions, se préparent bravement à livrer un combat d'arrière-garde contre un ennemi cent fois plus redoutable que l'orage. Cependant le vétéran chevronné pour lequel la guerre n'est pas un jeu ramènera toute cette bleusaille à la raison. Chacun repart du pied droit et marche d'un cœur anxieux jusqu'à la nuit tombante où l'ordre est chuchoté de former les faisceaux, l'heure venue de faire un somme ou de manger sur le pouce en considérant les étoiles.

Putain de guerre sans queue ni tête, grommelle le brigadier à la traîne qui en a plein les bottes et de son doigt tourné vers le nord désigne avec amertume les grands espaces parcourus, les terres, les belles terres abandonnées en moins de temps qu'il faut pour le croire. Et ce n'est que le début de la débandade, prophétise-t-il en s'accotant contre un arbre décapité le long duquel il se laisse choir de tout le poids de sa fatigue, le casque rabattu sur le nez, la chemise ouverte au petit vent nocturne qui souffle plus délectable que de l'eau fraîche, rendu loin de ses sombres prémonitions à l'innocence du premier âge.

Mais déjà le roulement de la ferraille meurtrière sur la route en contrebas tire le ronchonneur de son rêve, jette la panique parmi l'escouade au repos. Obéissant à l'ordre de dispersion, on se souhaite bonne chance et chacun de courir vers son destin. Bien malin qui parviendra cette fois à glisser entre les mailles.

82

Zigzaguant comme un bateau démâté sous le crépite-
ment qui lui mord les oreilles, roulant sur lui-même, bas-
culant au creux d'une fondrière où il se cale les reins,
secoué soudain par une hilarité lugubre : un poisson dans
la poêle à frire. Mais comme il sent que cette pause est
pernicieuse en ce qu'il consume deux fois plus ses forces
à étouffer sa frayeur, il risque un œil hors du terrier, puis
la tête et le corps tout entier pour foncer droit à travers
la plaine constellée de mottes crayeuses, repérant et gui-
gnant sur sa gauche un taillis épais vers lequel, prenant au
plus court, il se rue farouchement comme à sa dernière
planche de salut. Il s'y jette, les coudes en avant, la figure
giflée par les fougères, avec le rictus ému et fatigué d'un
champion qui franchit la ligne d'arrivée.

Embusqué dans les broussailles, menton contre terre,
face au paysage – voilé à perte de vue d'un brouillard
rouge que la violence de l'action fait trembler – atterré,
changé en terre, le doigt sur la détente jusqu'à la chute du
jour où claque au versant déboisé un dernier coup de feu.

Sous un casque de verdure, tombant de sommeil à côté
d'un canon en batterie qui ne tire pas. Longue nuit où la
guerre se joue mollement sur un haut plateau d'herbes

blanches laminées par le vent. Temps mort, froid répit pour refluer derechef au petit jour vers le sud dans le grincement des essieux et remettre sac à terre et replier bagage en rechignant sous les ordres renvoyés d'écho en écho.

Au centre de la pièce profanée, le canonnier qui dort farouchement le nez enfoui dans sa capote, les houseaux croisés sur les draps frais, une bouteille vide à portée de sa main pendante, c'est un tout petit personnage de l'histoire, songe un second intrus posté devant ce tableau de genre.

Soldats pèlerins en bras de chemise, fleurant très peu la poudre avec leurs pas boiteux de vagabonds ligotés par les sangles du paquetage et la bretelle du fusil, talonnés par les chars qui déferlent à vive allure comme du feu dans les fourrages.

Au fût du canon qui souligne d'un trait bleu la chaleur de midi on reconnaît que tout est en place, net et propre. Il ne reste qu'à déployer les cartes sous le grand noyer verdoyant pour ébaucher coupe en main un plan d'attaque clausewitzien.

Moins d'une heure ensuite, on a filé avec les magnums bien au frais dans les coffres, qu'on ira sabler à la prochaine étape en consultant d'autres cartes à l'ombre du grand platane, car la France est longue, sa végétation variée et le voyage ne fait que débuter, qui se terminera pour les malchanceux en un pays moins avenant où ils battront les cartes et boiront de l'eau claire tout le temps qu'il faudra.

Des enfants dansent sur un lit de fer abandonné dans les coquelicots, leur animalité joyeuse s'oppose à celle du troupeau hagard qu'ils voient d'un œil absent se bousculer et clopiner le long de la route, leurs ébats insouciants à l'horreur comique de ce défilé de petits vieillards chargés de ballots, enfarinés de poussière, cramponnés à des landaus, épuisant leurs forces à marcher sans répit et sans but, la tête aussi vide que le ventre, pris au filet d'une immense migration qui s'ordonne comme un cauchemar sous la cruelle gaieté du ciel.

D'autant plus porté à rire qu'il a la gorge nouée par la peur. Deux avions volant bas mitraillent la route à revers, un jeune paysan touché au bras s'affale sur le talus en criant : « Je suis mort ! », puis retroussant d'une main tremblante sa manche d'où coule un filet de sang, il se reprend aussitôt et d'une voix grondeuse par laquelle il semble se substituer à son père : « Mais non, mon petit gars, mais non ! », tandis qu'au milieu du champ derrière lui grésille une meule couronnée de flammes dont le reflet rouge et soyeux grouille sur le chaume alentour comme celui du soleil couchant.

Les convoyeurs regagnent leur cabine dans un silence étrange : nul n'a eu le temps ni peut-être le cœur d'en rire, sauf lui-même, mais seulement de lui-même blotti à plat ventre derrière une butte, le passage de la mort grondant au-dessus de sa tête.

Du nord au sud courant la campagne derrière tout un pays dans le gâchis des routes et le piaulement des avions en rase-mottes, la semelle butant aux ornières, avec quatre biscuits en poche et au cœur la rage d'une si foudroyante infortune.

À la tombée du jour, de borne en borne se traînant parmi les écueils des charrettes et les bestiaux égarés jusqu'aux fraîcheurs d'une grange où tout le poids de la déroute l'écrase sur le foin.

Départ avant l'aube à l'aventure dans les luzernes fauchées et les grands blés endormis. Halte au plus fort de la fournaise de juin, le casque pendu à la nuque pour plonger son visage crasseux dans le gai bouillon d'un ruisseau et s'ébrouer sur l'herbe comme un cheval après boire.

Terres céréalières vert doré à l'infini, étendues vacantes où tout respire la désertion et la fuite. On n'entend plus la rumeur paysanne dans la cour des domaines. Un chien franchit à fond de train l'éclat de l'été. Tout est déjà écrit sur le visage de la nature. À l'arrière, le roulement de l'orage descendu de très haut qui court mettre le feu jusqu'aux côtes.

Tenaillé par la faim, épinglé par les ronces, aveugle de poussière sous un ciel bleu jusqu'à l'obscurité, traversant d'un pas malheureux l'odeur des bois qu'il sent à peine comme un homme qui a presque cessé de vivre, se fiant au fil des rivières avec des yeux noyés de sommeil sans même se voir avancer dans l'échevèlement des collines, des boqueteaux et des prés qui surgissent aux tournants et mettent si longtemps à disparaître, fuyant tout droit vers nulle part pour échapper à la prise.

Marcher pour marcher avec une ardeur que rien ne modère, pas même l'essoufflement, pas même l'inutilité de ses pas aussi privés de but que ceux d'un vagabond auquel peu importe où ils doivent le conduire.

Veilleurs dépenaillés, raides et graves sous le drapeau en berne d'une mairie de village, à cette heure où la marée de fer avance en force, quand du fond obscur d'un débit une voix vacillante annonce l'écroulement, à cette heure précise où tout est perdu a le sens de rien n'est perdu.

Cette gaieté effrayante pour fêter à coups de gros vins et de grossières chansons la déconfiture des stratèges discrédités qui n'auront pas eu le temps de tirer honneur et profit de leur sang.

Opposer une allégresse explosive au deuil qu'on voit dans les rues se communiquer de visage en visage, faire du malheur une fête choquante, répondre par le défi d'un dévergondage sans borne à l'abjection de la fuite, à l'insoutenable vérité du désastre, comme un ivrogne, la foudre tombant à ses pieds, se roulerait à mort dans les convulsions d'un fou rire.

La raison non seulement dérangée et retenue dans sa prétention à dominer la part insensée, mais lui cédant le pas humblement, comme éblouie par la puissance de son éclat.

Cérémonies sabbatiques rituellement célébrées aux sombres musiques des cuivres, faux bergers affamés de puissance qui fanfaronnent et pérorent, tout un peuple soumis en extase à leurs pieds dans l'odeur fauve de la haine, nations démembrées par les pas du vainqueur, clouées toutes vives sur la croix tortueuse, exodes dans le cauchemar de l'été, bourreaux besogneux qui redoutent la clarté du jour, renégats dont la langue s'embrouille à mentir, géhennes dans les plaines glaciales où des millions de figures décharnées par la faim et l'effroi, perdues comme en enfer, lèvent au ciel endurci un regard exténué, guerriers en guenilles butant contre la neige rouge, capitaines arrogants voués à une fin infamante, et ce bon papa roublard statufié comme un dieu qu'on embaumera dans les pleurs pour lui cracher ensuite au front sans refuser jamais franchement son héritage ni renoncer à sa casuistique vicieuse.

Monde meurtrier qui mêlant le sang à l'encre travaille dans le mensonge, si peu innocent qu'il se dénonce lui-même en dénombrant ses morts dont la trace pour beaucoup s'est perdue quelque part en des terres incultes et sans douceur où furent brisés par balles devant la fosse ou réduits en fumée noire tant de cris bouleversants. Terres aux sépultures absentes, terres qu'on a maquillées pour effacer les endroits du crime, terres maudites qu'aucun survivant ne désignera au sanglant cadastre de l'histoire.

Ne voilons pas nos figures avec nos mains. Il n'y a plus de lieu à vénérer, nul acte de gloire ni d'intelligence pour absoudre un monde séduit par la force étendant partout sa souillure, et qui aura relevé sèchement ses ruines comme on refuse la faute avec le sourire rusé des affaires.

Poignantes retrouvailles au seuil de la demeure de lierre où pâlit sur la sombre toison des murs le visage ravagé du père qui l'aura vu grandir et reconnu si peu.

Une feuille parmi d'autres jette son dernier feu en planant à rebours sur le ciel d'octobre avec la nonchalance majestueuse d'un fil de la vierge, longue chute aérienne qui diffère l'inertie finale, le fatal pourrissement au sol.

Ce regard très seul comme déjà repu du théâtre et que le terrible destin du monde n'aiguise plus, attentif seulement au temps personnel que chaque battement du cœur lui mesure, sans hâte ni patience attendant que la mort l'arrache aux cris des vivants qui continueront par toute la terre à retentir dans l'exil et le déchaînement des combats.

À l'écoute du dernier souffle, veillant jour et nuit, la main dans la main pour retarder ensemble le moment de mourir.

Dans le jour douteux de la chambre où l'on dirait entendre fermenter la mort, ce vieux corps possédé par la souffrance, ce regard en faction sous la broussaille grise des sourcils comme travaillant avec une extrême dureté à se voir mourir, ces lèvres où s'entrouvre d'une manière déchirante le sourire timide d'un enfant, ces doigts joints sur le cœur qui cède en un frémissement désolé, ce visage soudain muré dans une absence stupéfiante.

Une main pieusement tire les rideaux sur le ciel où glisse avec lenteur un nuage glacé de rouge.
Depuis la nuit des temps, le soleil, toujours ce même soleil qui étale à l'ouest sa splendide boucherie avant de plonger en terre.

Même si les ciels sont menaçants, les lieux peu sûrs, même si les vents hurlent de partout avec une persistance troublante, il garde les yeux fermés comme un enfant sur le côté fait semblant de dormir, mais c'est chaque jour à attendre qu'une main sortie de l'ombre vienne fraternellement le prendre par l'épaule et lui désigner sa tâche qu'il accomplira sans éclat, en partenaire effacé, jusqu'au retour suspect de la pureté dont, forts de leurs vantardises et de leurs titres usurpés, se prévaudront les moins purs pour imposer la loi du talion.

Du jour où il a perdu sa foi dans le monde, il s'y est cru lié comme un fils à sa mère dénaturée.

En ce troisième printemps où chacun suppute à mots couverts le jour et l'endroit, c'est au plus fort de l'attente le rêve vertigineux des grands vaisseaux chargés à pleins bords de chevaliers sauveurs bondissant hors du flot, foulant la grève, grimpant à l'assaut avec une fraîche énergie, forçant les défenses en moins de deux, fonçant à travers provinces et frontières, enfonçant l'arme jusqu'au cœur, comme un manuel résume au pas de charge les lentes et coûteuses expéditions de l'histoire.

Il faut la vertu d'une enfance attardée pour soutenir les plus aguerris, savoir dans le danger comme autrefois dans leurs jeux joindre le tremblement du plaisir à celui de la peur.

Dans la cellule plâtrée de froid, *Anna Livia Plurabelle* appris par cœur sur des feuillets arrachés et planqués en boule au fond des chaussettes.

Performance de la mémoire jouant avec les eaux de la langue qui peuplent de leur libre tumulte le temps de la réclusion où l'oisiveté se vit à petit feu dans un dépérissement insensible, une indifférence presque heureuse aux incertitudes du sort.

Un mot de trop met tout en péril.

Laitières aux poings, colt en poche, à pas feutrés, à tâtons par les sentiers forestiers jusqu'au cœur nocturne du feuillage où d'étranges oiseaux nomades ont façonné leur nid en secret au plus près des chasseurs pour tromper leur vigilance.

Roulés dans la soie, tous feux éteints, on s'endort frileusement dos contre dos, compagnons unis par la peur bien plus que par le courage où chacun pour s'abuser met un peu de défi, qu'il soit attentif à éviter le risque ou s'y jette en tremblant.

Sous le couvert des bois, dès la première ardeur du jour, l'alouette à pleine gorge tire les corps ensommeillés de leur tanière végétale, et c'est la surprise de se retrouver sans toit, prisonnier des arbres, parmi ces vagabonds d'outre-mer aux manières si étranges qu'un sort commun a exilés en forêt française où il suffit d'un fugace bruit de feuilles, d'une pierre qui roule, d'un éclair entre les chênes pour les rendre anxieux comme des bêtes débusquées dans leur gîte. Avec la recherche quotidienne d'une subsistance, tenir le langage de l'espoir et rabrouer fermement ceux qui ne dominent pas leurs nerfs est à recommencer sans relâche, mais chaque matin rappelle qu'en ce camp de verdure se joue une aventure étonnante.

L'action sitôt engagée le délivre de la peur qu'il entendait battre avec tant de bruit à son côté, la peur, la peur de s'exposer et la peur de faiblir.

Tombé tout vif aux mains de ceux qui sont fermés à la pitié, comment se résoudrait pour finir le conflit entre bravoure et lâcheté ? Question à laquelle nul ne peut répondre en conscience – la torture du corps ou celle de l'esprit, serrer les dents ou flancher ? Question lancinante qu'on se pose sans mentir à soi-même pour mesurer avec effroi ses faibles chances de respecter jusqu'au terme un contrat dont la souffrance est le prix, même si le rompre serait pire que mourir. À moins que l'épreuve d'une douleur physique suffocante où l'angoisse noue la gorge, où la raison vacille, ne retienne celui qui la subit de glisser sur la pente de l'abjection et, quand ses lèvres allaient s'ouvrir, ne le frappe de mutisme, lui assurant fortuitement une victoire qu'il ne devra qu'à la cruelle stupidité de ses bourreaux... Mais un peu plus, un peu moins de chance n'y change rien : comment retrouver intacte la part la plus haute de soi-même qu'en vue de sauver l'autre on s'était résigné à perdre dans un moment de lâche abandon ?

Autant ne rien imaginer et laisser la question en suspens, quand bien même différer la réponse ne serait pas tout à fait l'ignorer.

De ces journées d'allégresse collective, maintes fois décrites et revues en images, il ne lui revient avec une précision obsédante que la chute d'un corps le long d'un toit, liée aux clameurs de la rue, l'écoute à n'en plus pouvoir d'une voix solitaire et très jeune criant quelque part entre les immeubles pavoisés toute la souffrance d'une interminable agonie. Le statut de l'homme touché à mort n'entrait pas en ligne de compte, la compassion ici d'autant plus vive qu'impuissante suspendant les discriminations sans nuances nécessitées par l'état de guerre qui fait de l'autre soit le héros d'une juste cause soit une bête nuisible dont l'écrasement vous délivre.

Il revient aux plus faibles devenus à leur tour les plus forts d'appliquer sans merci les rigueurs de la loi. Mais sitôt la première ivresse éteinte se font jour les sordides calculs du ressentiment, les visées ambitieuses, la surenchère partisane, tout moyen étant bon, les principes rejetés sans vergogne, pour défendre le terrain conquis et s'y tailler la meilleure part. Ainsi tombent les masques à la fin de la fête, qui découvrent l'écœurante nudité des visages.

Incommodés par la puanteur du monde, ils l'aspergent de leurs nobles paroles en prenant de la hauteur pour se créer un espace inviolable d'où ils cherchent moins à voir tout le mal qu'à faire mieux voir leur figure. Mais ces guides édifiants qui font la leçon et la loi, mais ces détenteurs d'une morale à laquelle ils se cramponnent pour en recevoir honneur et bien-être sont-ils plus dignes de respect que ceux qui, nourris dans l'erreur, traqués, disgraciés, exclus, sans droit et sans admission, restent fidèles à leur honte ?

Tel est cependant le théâtre de l'histoire où chacun joue sa scène, entrant aux ordres et se retirant de même, congédié à la fin sous les cris d'un pays en fureur comme un valet qui a trahi son maître. Après quoi, tout recommence sur de nouveaux frais.

Qui connaît les planches trouvera l'occasion d'y remonter se faire applaudir dans le rôle d'un paillasse aux abois tirant de ses invectives et de sa jubilation amère sur les routes calcinées par les flammes une musique propre à troubler le jugement si elle ne sonnait trop haut comme une offense au silence des charniers. D'autres qui n'ont pu endurer d'avoir choisi le parti du crime et que hante le souci d'un refuge plaident coupables en se punissant à mort. D'autres déchirent la page avant qu'elle ne soit tournée et d'autres attendent à l'ombre qu'on la tourne pour eux.

Sitôt disparus sitôt reparus, tous fils du temps par lequel, sans s'attarder à regarder en arrière, ils se laissent porter vers de nouveaux lendemains où, misant sur l'oubli, ils n'auront plus à rendre de comptes ni à se refaire un visage pour rameuter par le charme dont ils jouent ceux qu'agite le rêve nostalgique d'un retour aux forces aveugles, détourner à leur profit le culte des causes perdues, jouir enfin de l'immunité que leur accorde une société tolérante qui, non moins avide d'asseoir sa domination, emploie sans vergogne les moyens qu'elle condamne.

Se tenir à distance de soi pour ne laisser surgir que le dehors, et s'apercevoir qu'il est tout aussi oppressant.

De ce monde déjà si noir et malade, toute la face lépreuse brutalement se découvre qui glace à jamais l'espérance et soulève en chacun le dégoût de son espèce. Mais c'est compter sans la puissance amnésique du sommeil : refuser de fermer parfois les yeux serait comme refuser d'aimer, accepter de vivre dans la désolation de l'enfer. Seuls ne valent pas d'être absous les faux aveugles qui, pour soutenir l'insoutenable, forcent leurs yeux à nier ce qu'ils voient, le sang, le doux sang de tout un peuple sans défense, la tache indélébile que les bêtes en fuite ont laissée derrière elles.

Sur cette même terre aux chantiers organisés pour l'horreur avait pris naissance la musique la plus sainte qui ne peut rédimer aujourd'hui le péché suprême. Mais, bien gardé pur, puisse-t-elle réjouir encore le cœur, rendre un peu la foi aux esprits désemparés. Que Schütz et Bach qui n'ont pas voulu que le monde fût sans amour redescendent pour y déposer en souverains leurs radieuses offrandes et nous réconcilient avec notre coupable nature.

Pax Mundi. Ce rideau qui se ferme dévoile le cynique partage des trois maîtres du jeu. Ainsi même la délivrance promise aura le poids d'une chaîne.

Ce qu'il dit avec le plus de gravité parfois le fait rire, mais d'un rire tout extérieur et qui ne le libère en rien, faute d'avoir comme jadis l'heureuse légèreté de l'insouciance, la vertu décapante de l'ironie, au point que c'est à croire que le mouvement inhabituel auquel il obéit presque à son corps défendant lui en aurait retiré définitivement la possibilité, rire de soi, et dans les moments où on est le moins disposé à la gaieté, ayant le sens d'une salubre remise en question qui rappelle par son caractère provocant le plaisir enfantin de piétiner les convenances.

La volonté de sérieux, une confiance aveugle dans les capacités du langage et le mouvement qui le porte avec ce qu'il faut de persévérance pour en subir jusqu'au bout le pouvoir contraignant, tout ici exclut la détente sans laquelle il n'est permis de rire que furtivement, non plus de ce rire explosif qui, mieux que tout autre mode d'expression moins immédiat, dévoile le fond des choses, fait du drame de l'être aux prises avec lui-même un sujet de dérision, encore que par un paradoxe étrange il l'aggrave au lieu d'en atténuer les effets, tant il est vrai que l'hilarité ne résout rien, s'oppose même sur ce point aux naïves prétentions du sérieux, en quoi elle se révèle, sous ses dehors facétieux, bien autrement soucieuse de vérité.

Il arrive aussi que ce qu'il cherche et trouve à dire le fasse bâiller d'ennui, une bonne raison pour se taire si ne l'en détournait quelque chose de plus fort que la raison.

La mer si longtemps hors d'accès, la mer enfin retrouvée avec sa paresse de grand fauve et le soleil de Pâques qui chante sur ses éclats. Immergées à mi-corps, quatre épaves d'acier y dorment au large, derniers vestiges du gigantesque assaut mené pied à pied contre le béton meurtrier.

99

Les herbes folles emmitouflent ces hideux coffres-forts à l'abandon sur la côte, repaires de choix pour les petits Vikings qui, après une prospection craintive, s'en reviennent par bandes y déposer leur butin au moment le plus noir de la nuit.

C'est la version renouvelée des frasques enfantines commises en d'autres grottes plus souterraines et sauvages dont l'exploration à marée basse avait l'attrait des choses défendues. Toute surveillance déjouée, on glissait dans les ténèbres en se tenant par la main, l'autre étendue devant soi ou appuyée contre la paroi suintante. Même les chuchotements faisaient grand bruit. Les chaussures quittées, on tenait conseil à genoux dans une passe étroite comme une tombe. Il ne fallait pas s'attarder au-delà du temps prévu. Armés de prudence et de ruse, ces aventuriers du dimanche s'égaillaient le long de la grève pour regagner furtivement la seule zone permise où, contraints de prendre part au jeu et d'en respecter les règles, ils se jetaient à corps perdu dans la mêlée. Aucun ne manquait au signal du rassemblement, nul indice d'une escapade interdite, sinon la ligne sinueuse des semelles sur le sable que le souffle montant de la mer et la mer elle-même auraient tôt fait d'effacer. Résolus à conduire plus au fond leur opération clandestine, rien ne les empêcherait de récidiver à la prochaine sortie.

Le cortège nocturne des jeunes flibustiers arrimés comme des chèvres aux redoutes guerrières et ceux qu'il entend rire sans les voir, l'embrun qui poisse le visage, les mouettes d'une blancheur d'amande si nombreuses à qua-

driller l'espace, la ruée des vagues panachées d'écume éclaboussant, drossant la grève où elles s'éparpillent dans un
roulement de billes, la course en plein vent sous les nuages
avec le bain dans la mer à minuit et tout ce sel frais sur
la bouche, c'est le ravissement de vivre, c'est l'enfance
débridée, son appétit, ses rudes exploits, sa légèreté reconquise, c'est le puissant concert de l'air et des eaux que,
loin du rivage emmuré, il entendait rythmer en sourdine
la fable aux onze figures vocales, ce bouillon de menthe
et de lait qui lui enflamme le sang, cette rumeur éolienne
perdue ici sur le papier...

Aller maintenant tout droit jusqu'au but, mais où est le but, quel est-il et, une fois atteint, qu'en espérer ? À cette dernière question du moins il peut sans risque de se tromper répondre sombrement par *rien*. Quant aux autres, que lui importe la réponse, il ne va pas s'arrêter pour si peu.

Où donc trouver la clé qui donnerait raison à l'ensemble du parcours contre chacune de ses parties ? Demeure-t-elle invisible parce que sa fonction est non pas d'ouvrir les issues mais de les tenir fermées, l'itinéraire ne pouvant se poursuivre qu'en aveugle et ainsi jusqu'à son terme qui apporte la mort avec lui ? Cependant, s'il faut marcher au hasard sans rien voir devant soi, guidé comme une bête par son seul instinct, autant déclarer forfait en renonçant une fois pour toutes à ce qui ne conduit qu'à faire apparaître de jour en jour plus infranchissables les limites dans lesquelles on étouffe, car c'est justement par ces tentatives renouvelées que se fortifie le doute, à leur échec que se mesure l'impuissance de l'être non moins d'ailleurs que les formidables réserves d'énergie dont il dispose, où il puise sans compter dans l'idée tout illusoire qu'elles finiront par l'emporter.

Une mystérieuse fusion s'opère ainsi entre le doute et la certitude qui les fait s'annuler l'un l'autre, laissant l'esprit momentanément comme figé sur place dans l'attente d'une décision dont il ne se juge plus le maître, alors qu'en vérité elle ne peut venir que de lui, si tant est que pareil dilemme soit autre chose qu'un leurre, un prétexte à différer la reprise d'un mouvement où trop de forces ont été engagées pour qu'il décide ou accepte jamais de s'en dessaisir, à moins qu'avec l'âge ou la maladie le déclin de ses facultés ne l'y contraigne. Nulle alternative pour qui s'est tellement perdu qu'à revenir en arrière il se perdrait encore davantage et n'a même pas la ressource de tomber d'épuisement, soutenu et porté qu'il est par une sorte d'énergie désespérée vers il ne sait quel but, auquel il sait seulement qu'il ne parviendra pas, aurait-il l'éternité devant lui.

De là cette recherche anxieuse d'une clé qui, en donnant accès à une perspective d'ensemble, permettrait au moins de mesurer l'espace parcouru, de le circonscrire et peut-être, à défaut de la rendre pleinement intelligible, d'en mieux saisir la ligne directrice jusqu'à présent négligée par le regard perdu dans l'observation avide d'une profusion d'images parfois empruntées à la mémoire ou au rêve, sans autres supports que leur évidence et les mots qui les ont prises en charge. Comment savoir si de cette vision dominante, qui n'est que chimère, se dégagerait une impression de cohérence harmonieuse propre à satisfaire aux exigences de l'esprit, à en justifier la démarche ? la clé reste introuvable, le but si obscur qu'il est comme nul.

Mais paradoxalement, de même que selon l'adage le mouvement se prouve en marchant, tout se passe comme si celui-ci ne pouvait s'accomplir que dans l'ignorance du principe qui le gouverne et de sa destinée, laquelle, fût-elle connue, demeurerait toujours inaccessible ou du moins ne cesserait d'être jugée telle à tort ou à raison, sauf que la connaître peut aller de pair avec la certitude qu'on n'y accédera jamais, tandis qu'à l'inverse l'ignorer, tout en la sachant hors d'atteinte, est une contradiction flagrante mais nécessaire et qui, du fait qu'elle relève de la vie, ne saurait être dénoncée par un raisonnement logique, non plus que résolue par le recours au faux-semblant qui consisterait pour tourner la difficulté à feindre de s'en désintéresser, comme on prétend de mauvaise foi résoudre un problème auquel, sans tenir compte de sa donnée, on répond à côté. Cette part d'inconnu, ce désir inassouvi de possession sont les ressorts d'une action sans lesquels il est probable qu'elle ne pourrait se maintenir ni étendre sa trajectoire assez haut et assez loin pour que celui qui a pris le risque de s'y engager la vive comme une aventure hasardeuse mais d'autant plus exaltante qu'il ignore jusqu'où elle va le mener, au point que c'est à se demander si elle n'a de sens que lorsqu'elle ne conduit nulle part et ne doit trouver sa résolution que dans la mort – cette figure monstrueuse dont l'ombre déjà se dresse en travers du chemin, ruinant tout espoir d'une quelconque issue, foncer droit les yeux fermés étant l'unique recours contre le dégoût qu'elle inspire et la peur d'avoir à l'affronter.

Inlassable travail d'approche et de retrait, pareil aux mouvements cycliques de la mer qui ne paraissent si fascinants que parce qu'ils donnent mieux que tout autre phénomène naturel une impression de perpétuité sans renouvellement, d'être toujours là, de n'avoir d'autre objet que leur répétition imperturbablement poursuivie depuis toujours, dirait-on, et pour toujours, quand bien même nous saurions de science certaine qu'il n'en est rien. Souffrant de ses propres limites, perdu dans sa contemplation, l'esprit projette son rêve d'infini sur toutes choses dont la durée excède, en deçà et au-delà, le temps historique, lequel n'a par rapport à celui de la vie individuelle qu'une durée relative, oubliant ou voulant oublier que ces forces élémentaires comme indifférentes aux destinées du monde et dont la permanence le rassure sont vouées aussi à disparaître un jour – un jour qui, sans témoin sur terre pour le vivre, n'aura de nom ni de qualification nulle part, le tout dernier d'une suite de jours dont l'extinction du langage consécutive à celle de l'espèce humaine a rompu la trame, soit un formidable désastre qui, survenant en pleines ténèbres, passera plus inaperçu que la mort d'une mouche.

Mutisme, mutisme tyrannique, fruit de la fierté et de la peur. Tout est obstacle à la chaleur de l'échange quand se perd jusqu'à la force de soutenir le bleu amical d'un regard. Pour trouver la brèche, il faudra les tendres ruses de celui qui a disparu au loin sans effacer sa trace, mariant par le don terrible de sa mort deux cœurs touchés d'amour qu'il fait survivre à son exil.

Ici, dans cette chambre obscure, chaque fois que l'ami longtemps repoussé, encore redouté, mais déjà bien-aimé revenait le presser de questions avec une calme insistance, il se tassait dans l'ombre comme s'il courait un grand danger, prêt à soutenir fermement l'assaut en se refermant sur lui-même moins pour en défendre l'accès que pour dissimuler son désir de le suivre dans sa recherche d'une entente à laquelle il opposait la froide violence de son mutisme, bien qu'il eût senti dès le premier affrontement que cette intelligence plus claire et perçante que la sienne, et qui s'affinait à mesure qu'elle prenait conscience de la difficulté de sa tâche, marquait des points, et qu'il devait de jour en jour lui en céder davantage jusqu'à abandonner la partie, pris dans sa force d'attrait comme le faucon, après un vol capricieux et une lente approche circulaire, descend en flèche se poser sur le poing ganté du veneur.

Jamais cependant son hôte n'avait paru plus désarmé que le jour où il réussit son coup de force, jamais lui-même ne s'était senti moins menacé ni moins prêt à abdiquer, mais tout s'était passé d'une manière imprévisible, sans qu'il y eût aucun signe avant-coureur, comme si, les prenant au dépourvu, une volonté mystérieuse – la puissance de la tendresse peut-être – eût précipité un dénouement dont l'un ne pouvait pas plus s'attribuer le mérite que l'autre s'accuser d'en avoir couru le risque par manque de vigilance ou fausse appréciation de ses capacités défensives, non pas qu'ils n'y fussent pour rien : c'était la récompense de leur ténacité, et ils l'accueillirent avec un étonnement joyeux lié au sentiment d'avoir remporté une victoire commune.

Il a su déchirer l'écorce qui enveloppait ce cœur orgueilleux toujours prompt à se replier sur ses frontières, mais si pareil au sien par le refus d'abandonner la sauvagerie de l'enfance. Il a su le contraindre en lui offrant le don de l'amitié la plus haute à faire remonter des grands fonds vers la lumière tout ce que sa nature défiante avait confiné et laissé dépérir. Cette explosion d'énergies jusque-là contenues l'aura délié de lui-même en l'aidant par le réapprentissage de la parole à rétablir avec le monde un rapport de vérité et comme un contact physique depuis longtemps perdu.

C'était maintenant à lui de parler, non plus pour éluder les questions ni pour recouvrir le vide de la peur, car son silence ayant déjà cessé d'être un lieu préservé, il ne se taisait parfois qu'afin de maîtriser l'agitation de ses paroles et répondre par le calme à la douce intimité d'un échange où il n'était même pas nécessaire de s'en remettre aux mots pour se faire entendre, comme si un mutuel souci de discrétion, bien loin de tout obscurcir, les eût rendus l'un à l'autre miraculeusement transparents. Liés par ce qu'ils ne se disaient pas et tout ayant déjà été dit tacitement entre eux, ils pouvaient se parler sans retenue, car rien en vérité n'avait été encore dit, rien ne le serait jamais. Dialogue inépuisable poursuivi même à distance par de pressants messages, qu'un brutal décret viendra non pas conclure – briser, laissant l'esprit privé de son assise, le cœur dévasté.

Ces moments d'une intensité extrême se sont inscrits dans la chair vive et ne périront qu'avec elle. Pourquoi alors ce mode insolite de la remémoration comme s'ils appartenaient à un temps désormais révolu ? La réponse est peut-être qu'ils revêtent pour celui qui les revit chaque jour le même caractère de pérennité que les événements dont l'influence sur le cours du monde, considérée d'abord comme accessoire, ne paraît décisive, qu'après avoir pris dans la mémoire des peuples la couleur légendaire du passé.

Délaissant ceux qui se disaient rebelles et ne sont faits que pour servir, il revient le cœur lourd au lieu d'où il avait couru les rejoindre, tout espoir abandonné de secourir l'ami capturé en pleine nuit au filet tendu par le destin et dont l'unique message sera celui qu'il leur fera entendre par un double appel d'une tendresse exquise, comme si mourir, et mourir très seul en un endroit ignoré, n'était pas les quitter, mais veiller sur eux qui, ne vivant que par lui, vivront dès lors côte à côte dans le rayonnement de sa grâce.

La jeune fille au regard très bleu qui chante dans le sien et le brûle jusqu'au plus vif de lui-même. Ne sachant distinguer sa tristesse de son silence, mais sachant quel secret lui a permis de survivre : en chaque mot qu'elle ne dit pas, celui qui est sa seule mémoire fait le signe de sa présence et le peu qu'ils se disent ranime les tendres sonorités de sa voix, l'un et l'autre aimant pour lui ce qu'il aimait en chacun et chacun par lui se faisant entendre de l'autre, comme s'il avait gardé intact à si grande distance son merveilleux pouvoir d'approche et qu'il fût le seul répondant de toutes les paroles qu'ils auraient désormais à se dire.

Douce intrusion, nullement insistante, ni autoritaire, mais appel discret, si joyeux dans sa gravité même qu'il les atteint avec toute la force d'un bonheur inconnu.

Ce visage prodigieusement lointain, mais toujours visible et vigilant, sans cesse questionné et qui semble à chaque question renvoyer la juste réponse. Étrange va-et-vient qui fait de chacun le porte-parole d'un mort passionnément aimé.

La main dont il avait si longtemps refusé les signes, la main amicale qui l'avait tiré avec une souveraine délicatesse du lieu confiné où il laissait se perdre dans le commerce pernicieux des livres sa violence et sa fièvre, cette main qui l'avait entraîné très loin à sa suite et que la mort a brutalement retirée de la sienne, mais qui semble toujours le conduire du même pas résolu sans desserrer sa prise.

Lui qui le jour a perdu son visage et sa voix revient la nuit, en tout point reconnaissable, mais agité, anxieux comme si, avant de prendre congé, il avait oublié la question essentielle que son statut lui interdirait de poser en une langue désapprise ou hors d'usage chez les morts.

Loin de lui, si loin de lui, mais assez proche encore pour qu'il sente l'envelopper la chaleur de son ombre avec cette patiente obstination d'autrefois à forcer l'épaisseur de ses silences, à écouter les sourdes vibrations de sa fièvre prise comme un fleuve dans le gel qui craque au premier souffle printanier.

Vivante proximité, nullement désincarnée, mais invivable en ceci que, sans cesser d'être intense, elle n'en exclut pas moins formellement la possibilité de la vie, comme si l'expression *prendre corps* avait un sens nouveau que toute définition ne servirait qu'à rendre plus énigmatique. Mais proximité intermittente, comme si tantôt il se portait à sa rencontre pour le ramener sur la voie et lui éviter les faux pas, tantôt il s'enfonçait dans un autre monde obscur pour se mettre hors d'atteinte et faire oublier la douceur de son règne.

Les figures des morts, faute d'être soumises à la corruption du temps, ont l'éclat inaltérable d'étoiles immobilisées dans le ciel, points lumineux à peine visibles que trouble et prive de signes leur distance infinie.

112

Ce trait de flamme dans l'insomnie de la douleur, ces larmes qui naissent au fond de l'être profondément entaillé.

Tenace illusion que cet écart maintenu entre proche présence et lointain retrait, lié au travail douteux de la mémoire échouant sans y renoncer jamais à se substituer à la vie, et qui ne ranime un monde révolu que pour en faire éprouver plus cruellement le défaut. Imposture de l'esprit qui, dans son atroce dénuement, refuse d'affronter à visage découvert l'inconcevable évidence qu'il ne peut vivre que comme un événement déchirant de sa propre vie.

Ni absent, ni présent, mais irrévocablement fixé dans un passé sans avenir d'où il semble de loin en loin continuer à le traverser de son éclat en paraissant s'éloigner toujours davantage à la recherche du lieu introuvable de sa disparition.

Comme s'il ne s'était jamais rendu aussi proche qu'en cette absence d'autant plus violemment récusée qu'elle est irrécusable.

Leurre haïssable mais bienfaisant, et haï justement à proportion de ses bienfaits.

La douleur qui veille sans se préoccuper du temps à venir, non pas en aveugle – mais que sa clairvoyance même rend insoutenable.

Disparu avec le nom sous lequel il repose, et néanmoins condamné à ne pas disparaître encore par celui qui s'épuise dans la folie de son deuil à renouer le nœud tranché d'une amitié qu'il n'entend battre qu'en rêve – comme si la voix survivait au corps absent et, pour y suppléer, redoublait d'intensité, multipliait ses appels – voix apaisante qui ne le laisse jamais en repos et dont il se refuse à reconnaître l'origine tout en sachant qu'elle n'est rien d'autre que l'écho plaintif de son propre égarement voué lui-même au vide apaisant de l'oubli.

Se forcer à ne voir du monde que la beauté est une imposture où tombent jusqu'aux plus clairvoyants, et à qui la faute sinon au monde lui-même dont ce siècle finissant aura révélé par une somme inouïe de forfaits qu'à moins de fermer les yeux on ne peut désormais le souffrir qu'aux dépens de la rectitude du jugement ni le regarder de face qu'en limitant à l'extrême son angle de vision. C'est qu'au vu ou au su de tant d'atrocités commises et qui se perpétuent de toutes parts comme les stigmates d'un mal absolu, le simple fait de vivre doue chacun d'une faculté d'assimilation presque inépuisable, laquelle a valeur de foi et pas forcément de mauvaise foi pour peu qu'on garde bien présents à l'esprit que tout sur cette terre de tout temps s'est édifié sur des ruines, que louer la beauté de ses formes naturelles ne saurait effacer la noirceur de ses crimes ni servir de témoignage à sa décharge.

Il n'empêche que si les mots ne nous faisaient soudain défaut, nous devrions clamer notre commune horreur de ce théâtre sanglant où la rapacité humaine se déchaîne sur une scène jonchée de cadavres, et le maudire – ou pour le moins refuser d'y figurer, ce qui ne signifie pas seulement s'interdire toute surenchère verbale avec ce qu'elle suppose d'aveuglement et de servilité, mais nous taire à jamais, or cela non plus nous ne le pouvons pas, tant la vie en nous demande à déverser son trop-plein de paroles au-dehors, et quand ce serait en manière de célébration comme les oiseaux jubilent au printemps – non pas la niaise comédie de l'hyperbole, mais l'ivresse du cœur, un jaillissement de félicité portant la voix au plus haut – que trouver à y redire ?

Par une chance imméritée qui ajoute au tourment du remords, il manque à la plupart d'entre nous d'avoir été sur place témoins ou victimes de cette chose sans nom dont les documents filmés nous imposent la vision insoutenable que n'atténue pas la distance rétrospective d'un savoir d'emprunt : se peut-il qu'elle ait eu lieu à notre insu quand nous étions en vie à respirer sous le même ciel, inattentifs aux signes alarmants, presque insoucieux comme si de rien n'était ? Ignorance moins entretenue pour exorciser la peur que par défaut d'imagination – ce don accordé aux esprits généreux – et qu'on ne pourra jamais dire tout à fait innocente.

Inexpiable irresponsabilité de l'ignorance.

Loin du tumulte des passions humaines, n'ayant voulu suivre par orgueil et méfiance que la voie la plus solitaire, il s'étiolait lentement sans autre confident que lui-même, retranché dans le grand froid de son hiver intérieur, quand soudain quelque chose comme le choc du tonnerre fore en plein cœur une source qui fait reverdir toutes les merveilles d'un printemps miraculeux. Après le pacte intime, c'est le contrat scellant les fiançailles, le vin d'honneur au village, la fête nuptiale dans le château ensoleillé par les eaux de ses douves, c'est le départ en souriant aux convives et le voyage, le long voyage des amants mariés jusqu'à leur mort, s'ils devaient pour finir comme ils ont vécu quitter la vie ensemble.

Les havresacs dénoués pour s'assoupir au tintement des clarines qui vibrent tout autour de leurs deux corps enlacés dans la tendre chaleur de l'alpage comme chante au creux des roches le bleu glacé de la source.

La neige est venue poser sur les bois son fardeau flo-
conneux, tailler le long des branches de fines sculptures
qu'au retour de l'école les enfants font craquer comme du
sucre sous leurs doigts gantés de laine. Plus légers que des
anges, le visage transparent de plaisir, ils s'en vont galoper
sur la prairie cristalline pour y tracer d'un index virtuose
des cubes, des cercles, leurs noms de baptême qu'on
pourra voir quelques jours s'étaler fièrement au soleil, si
la fonte qui déjà menace ne met pas fin plus tôt que prévu
à cette exposition d'art hivernal.

Au feu myosotis du regard, à la rectitude souveraine qui
fait honte aux secrets d'une mythologie dépravée, à cette
brusquerie si farouche et gracieuse, au délicieux éclat du
visage, à une taciturnité foncière qui, sans rien livrer au-
dehors, a parfois la violence du chagrin, il reconnaît
comme sortie toute vive de sa mémoire l'enfant qu'il n'a
pas connue, sinon par le truchement d'un album familial
la fillette mystérieuse dont la frange taillée bien droit
mange le front et accuse la rondeur des joues, avec ce
même bleu lacté qui déverse sous les sourcils très drus la
féerie de ses rayons. C'est miracle qu'ayant par deux fois
enfanté, nourri de tant d'inquiétude sa tendresse mater-
nelle, elle garde comme au jour de leurs noces cette beauté
juvénile sur laquelle le temps a glissé si délicatement qu'on

y décèle à peine les traces de son passage, pas plus qu'au-
dedans de lui-même ne s'est affaiblie la ferveur amoureuse.

Par une chaude nuit d'août, frère et sœur couchés tête-
bêche dans l'herbe jouent inlassablement à qui totalisera
le plus grand nombre d'étoiles perçues au firmament, y
compris les filantes, la lune et autres planètes. La compétition s'achève en querelle d'astronomes sur l'authenticité
invérifiable du meilleur score obtenu. En témoins indul-
gents, les grandes personnes se gardent d'intervenir : qui
triche gagne n'est encore qu'un jeu d'enfant.

J'ai tout l'or que tu veux, dit l'un. Je n'ai rien à t'offrir,
dit l'autre. De ces deux séducteurs, le plus fin et assurément le plus dangereux est celui qui joue la pauvreté, non
pas que son pouvoir d'attrait soit supérieur, tout au
contraire, mais parce que le fait qu'il se présente les mains
vides est considéré bien à tort comme une garantie de la
pureté de ses intentions. À vrai dire, leur complicité est
telle qu'aucun des deux ne l'emporte sur l'autre. Sans
doute les tentations du faste extrême et de l'extrême indigence auxquelles on cède tour à tour dans un ballet perpétuel ne font qu'une, sans doute aussi n'y a-t-il pas pour
l'esprit en mouvement de situation intermédiaire où il
trouverait à se stabiliser, et c'est là son malheur. Un malheur ? pas seulement un malheur, car il y prend parfois
plaisir comme certains écoliers à courir sans relâche d'un

mur à l'autre de la cour pour tromper leur soif de grands espaces, faute d'être libres d'aller où bon leur semble.

Au fond du verger, sous le rayonnant soleil de juin, les deux enfants juchés dans un cerisier secouent les plus hautes branches auxquelles pendent à profusion les fruits hors de leur portée pour se laisser choir ensuite et parachever la récolte à même le gazon. L'aîné brandit comme un ostensoir au-dessus de sa tête le panier rutilant où vient se poser en battant des ailes et picorer à la sauvette un hardi petit pillard de moineau sitôt envolé. Et les revoilà au détour du sentier galopant échevelés, les pommettes aussi rouges que leur succulente cueillette dont ils se disputent par jeu la possession et vont se régaler bien sagement assis sur le banc de pierre en se chuchotant à l'oreille des secrets qui les font pouffer.

Vision plus efficace qu'aucune illumination de l'esprit. Il en faut peu, un simple regard de côté à la fenêtre, pour éclaircir l'horizon, dérider le cœur assombri, redécouvrir le bonheur tout enfantin d'être en vie.

Le globe du soleil chauffé à blanc fait du désert au-delà des derniers reliefs de l'Atlas un grand bassin aqueux tout miroitant de lumière. On voit s'éloigner à main gauche deux chameaux tenus en laisse par un adolescent au chef enturbanné, vêtu d'une ample djellaba violette que le vent soulève et déploie derrière lui comme un drapeau. Sur la

120

droite, à plus grande distance, se profilent les remparts ocre et crénelés d'une ville-forteresse d'allure imposante, laquelle, sitôt franchie l'enceinte, s'avère n'être qu'un hameau pastoral aux ruelles labyrinthiques parcourues en tous sens par des chèvres noires à longs poils et de maigres ânes poudreux qu'active un berger brandissant sa houlette avec la dignité d'un évêque.

Sur le seuil d'un gourbi, une grappe d'enfants accroupis jacassent et se chamaillent à qui mieux mieux sans troubler la quiétude patriarcale du lieu *ne variatur* où le temps passé se conjugue au présent. Pour ceux venus d'ailleurs, c'est comme un retour aux origines qu'allongés sur la terre battue à l'ombre d'un figuier de barbarie ils savourent avec délice, peu pressés de gagner la prochaine étape dont les séparent des hectares de chaleur. Surpris plus tôt que prévu par la brusque tombée du soir, ils se font une fête de dormir à la belle étoile, le souffle nocturne parfumant leurs rêves.

La vie exige que tout en nous meure et renaisse dans un tumulte incessant. Prétendre que rien ne résiste à l'épreuve du temps est l'argument invoqué en faveur de l'inaction par les esprits avares qui tiennent trop chèrement à leurs vieilles guenilles pour s'en défaire. Refus de renouvellement dont le fin mot, sous le couvert de la sagesse, n'est au vrai qu'un conformisme mental et chez nombre d'entre eux qu'une incurable sclérose.

Si contraire à sa nature est de trouver un point d'ancrage où jouir d'un repos bien gagné qu'il s'empresse de larguer les amarres sans orientation précise, comme on va se perdre à vau-l'eau en perdant de vue le rivage.

Au plus fort de l'hiver, dans la vieille demeure où gémissent tant de fantômes, ces voix nouvelles, ces petits pas, ces chuchotements, ces fous rires étouffés à sa porte, toutes ces façons comploteuses qui le renvoient au monde oublié des facéties enfantines, quand derrière la même porte interdite du père un autre couple de comédiens, lui en queue-de-pie, un chapeau claque trop large pour son crâne, une canne d'argent à la main, sa sœur, une voilette épinglée dans les cheveux, des gants de chevreau enfilés jusqu'aux coudes, jouaient en se dandinant sur un pas de ballet au monsieur et à la dame comme il faut.

Il donne le nom de vérité à ce qui est hors d'atteinte, comme aux temps antiques on divinisait les astres par ignorance de leur nature.

Croisant au petit matin dans une ruelle déserte de Limoges un garçon échevelé, vêtu d'une vareuse écossaise, à la démarche traînante, alourdie et comme déhanchée par un cartable maladroitement sanglé, juste le temps d'apercevoir au passage des larmes briller sur ses joues enfantines, il reconnaît en ce misérable écolier celui qu'à la taille et aux rides près il est encore aujourd'hui. Tout ému de compassion, il fait halte et se retourne pour suivre du regard le petit fantôme s'éloigner cette fois au pas de course vers il ne sait que trop quel féroce devoir l'appelle à se rendre ponctuellement chaque jour de sa jeune vie.

Au plaisir d'arpenter cette ville inconnue se substitue dès lors une si noire désolation qu'il s'affale sur le premier banc venu, bien décidé à ne le quitter que pour prendre avant l'heure le chemin le plus court en direction de la gare, sauf que ce n'est pas par un départ précipité ni de sitôt que s'effaceront le pitoyable visage entrevu, la frêle silhouette courant à grandes enjambées de l'adolescent en détresse, son frère auquel, le train s'ébranlant, il s'adresse comme si ce double de lui-même était là en personne pour l'entendre : adieu toi et tes rues qui m'ont obscurci le cœur, adieu toi que je n'ai pas su secourir !

Au contentement du cœur se mêle une sourde inquiétude qui a pris peu à peu la forme d'une radicale remise en question, entraînant pour finir un verdict sans appel. La leçon à en tirer, que la fertilité est un leurre et désormais le danger, que rien ne peut se faire sans aller à contre-courant du mouvement premier auquel l'esprit tend à se conformer paresseusement, le réduisant à un exercice vide où s'effritent les capacités d'invention, où tout étant orienté et calculé par avance, il n'est pas de surprise à en attendre qui justifierait la poursuite d'un parcours que l'absence de risque a rendu sans attrait – au point qu'il s'étonne aujourd'hui et se blâme de ne s'être résolu à l'abandonner qu'après y avoir dilapidé tant d'énergie. Qu'il faut se laisser porter par une plus rigoureuse ambition, mais d'abord consentir, et sur-le-champ, à payer le prix de l'erreur reconnue bien trop tard pour la redresser par des biffures, becquets et repentirs.

Au feu donc tout ce fatras. Chose faite, il ira sans regret courir à nouveau sa chance sur un terrain cette fois plus prometteur en découvertes fructueuses, sommé de révéler ce que lui-même ignore et que, mission accomplie, il ne connaîtra pas davantage, puis en d'autres lieux et d'autres encore à la recherche d'il ne saura jamais quoi, et ainsi de suite jusqu'en fin de course où, abandonnant derrière lui son maigre butin, il regagnera le domaine des ténèbres comme s'éclipse un joueur malchanceux mortifié de n'avoir pas seulement réussi à sauver la mise. De sorte que c'est à se demander – question posée ici en guise de moralité – s'il valait la peine d'en sortir pour y retourner les mains vides sans avoir fait ses preuves, rien entrepris de probant, aucune action insigne qui eût légitimé sa venue au monde.

Un échec sans doute, mais le tort serait d'en faire dès à présent le constat, un autre plus grave de le formuler sur le mode pathétique pour lui donner abusivement les dimensions d'un drame et se poser en héros malheureux d'une cause perdue. Sans compter que préjuger défavorablement de l'avenir serait rendre les armes avant l'issue d'un combat encore incertain, ce revers subi, quelle qu'en soit l'ampleur, ayant eu pour heureuse conséquence de l'amener à renouveler sa stratégie en vue de battre l'ennemi par surprise. Et quel est-il cet ennemi coriace sur lequel prendre sa revanche, sinon lui-même, comme il le fut de tout temps et le restera jusqu'au dernier jour d'une vie pleine de fureur belliqueuse tournée sans quartier contre soi.

Vivre en bonne intelligence avec le doute, mais combattre avec les armes de l'espoir.

Le proche passé semblable à un théâtre vide dont rien n'aurait été retenu de l'action qui s'y jouait, hormis qu'elle traînait en longueur, d'où justement sa rapide retombée dans l'oubli.

En règle générale, toute découverte se produit à l'improviste, bien que, pour paraphraser la fameuse formule, rien ne se trouve qui n'ait été d'abord et longtemps cherché. Tant d'efforts dépensés en pure perte ne sont pas entièrement négatifs en ce qu'ils tiennent l'esprit éveillé, à défaut desquels on serait comme quelqu'un qui, attendant un visiteur de marque, eût négligé de déblayer le chemin devant sa porte, imprévoyance que sanctionne une attente déçue.

Errant en somnambule d'un vestige à l'autre sans s'y attarder, non par impatience d'arriver à destination, mais désir de se perdre dans l'idée que moins il s'y retrouvera plus il a de chances de rester fidèle à la vérité d'une vie qui présente au regard rétrospectif tous les signes de l'égarement.

Dans l'étable désaffectée d'une bourgade perdue au fond de la montagne, spectacle burlesque qui eût semblé fastidieux à la longue, n'était son dénouement aussi rapide qu'imprévu.

Un personnage seul en scène, mi-paillasse, mi-matador, vêtu d'un collant lamé d'argent, chapeauté d'un haut bonnet pointu, à grands renforts de mouvements musculaires qui se dérèglent progressivement, mime une marche harassante que scande un bruitage approprié au tempo lui-même de plus en plus désaccordé, jusqu'à la dernière minute où, tout effet sonore cessant, il s'immobilise, hors d'haleine, le buste cambré, une jambe tendue en arrière et, comme s'étonnant qu'après tant de distance parcourue le décor n'ait pas changé, exprime par une grimace de dépit son retour brutal à la réalité, puis, avec un geste désabusé en direction du public auquel il se présente cette

126

fois de face, le peu de cas qu'il fait de sa performance artistique : une mauvaise plaisanterie, ouais messieurs dames, rien de plus !

Sur quoi il retire son bonnet pour s'en éponger le front, passe un peignoir à la façon d'un boxeur quittant le ring et, avant de prendre congé, s'incline avec un sourire qu'à défaut d'autre terme on qualifiera lui aussi de magique, chaque spectateur victime d'une même illusion ayant le sentiment flatteur qu'il lui est adressé *en personne*.

« Bravo l'artiste, c'était à se méprendre ! » s'écrie quelqu'un perché tout en haut des gradins, un compère sans doute chargé de secouer l'inertie de l'assistance qui n'en a pourtant ce soir nul besoin. Mais le fait est que nombre de voix se joignent d'emblée à la sienne pour multiplier les rappels, nourrir et prolonger les acclamations bien après l'extinction des feux de la rampe.

Ainsi, comme à récapituler de bout en bout l'itinéraire d'une existence, on se laisse berner par le trompe-l'œil de la mémoire ou celui, plus spécieux encore, de sa transmission verbale, le cheminement poussif du forain, soutenu par une batterie invisible, et jusqu'à sa mine déconfite pour finir n'auront été qu'un simulacre, mais si parfaitement au point que, passé le premier moment de perplexité, il se fait applaudir par nous autres, fins connaisseurs en matière de supercherie, ravis malgré tout d'avoir été pris au jeu, en vrais enfants que nous sommes.

127

Sous les semelles cloutées les pierres dévalent et sautent comme des lapins le long de la pente abrupte où jeter un coup d'œil par-derrière serait courir le risque de céder à l'attrait de l'abîme. Encordés l'un à l'autre, piolet en main, le sang leur battant aux oreilles, ils escaladent avec une lenteur précautionneuse les derniers mètres, et les plus rudes, qui les séparent du sommet.

Là-haut enfin. L'oxygène respiré à pleins poumons, contemplé et dûment apprécié le grandiose spectacle des lointains montagneux, il ne reste plus qu'à descendre par l'autre versant gratifié d'un sentier de tout repos. On peut y cueillir sur le talus des étoiles d'argent, témoignages fleuris de l'ascension qui, pour n'être pas une première ni même un exploit, fait figure d'épreuve initiatique.

Tout en bas, le terrain soudain aplani détend les muscles, et se réjouit le regard à la verdure retrouvée comme l'oreille au gai caquetage du ruisseau dont il suffit de suivre le cours balisé d'aulnes sans trop traîner les pieds pour regagner l'auberge avant la tombée de la nuit, s'y attabler de bon appétit et s'endormir l'un contre l'autre blottis sous la couette tirée jusqu'au nez, avec la lune à la fenêtre inondant leur lit.

Qui a la certitude de finir par l'emporter va tout droit à l'échec, le plus insidieux étant celui auquel s'attache la considération de la réussite.

Pour en avoir assez d'être incarcéré dans sa tête à s'y entendre tenir sans relâche le même langage, il rêve certaines nuits qu'il en parle un tout autre, mais un langage aussi incommunicable qu'impropre à la mémorisation, l'espace où il évolue librement en son sommeil n'étant lui-même que l'expression onirique d'un désir d'affranchissement. Au réveil, il se retrouve captif, enchaîné à ce sempiternel discours qui l'excède, dont seul le délivrerait le mutisme de l'esprit s'il n'était une utopie, comme l'apprennent à leurs dépens les communautés de tous ordres parties s'ensevelir en un lieu de retraite fermé au vacarme du monde : celui des pensées est plus infernal encore. Sans doute, ces anachorètes qui s'étaient formellement engagés par un vœu perpétuel à faire de la surdité et de l'aphasie leur règle de vie y voient-ils la main du démon, mais pour l'écarter rien ne leur sert de s'abîmer en prières, devraient-ils par elles se sentir raffermis dans leur foi. Pas plus que de se rendre invisible, il n'est en le pouvoir d'aucun être humain de mettre fin au bruyant tumulte du flot mental, sauf à en ralentir le débit par le divertissement ou le rituel d'une activité absorbante jusqu'à l'heure où viendra la mort d'un coup de foudre l'assécher.

Au cimetière de Drumcliff, victuailles, canettes et papiers gras jonchent la tombe centrale sur laquelle pique-niquent sans mot dire trois vieux couples endimanchés, vêtus de noir. Que ce repas insolite obéisse à quelque rite funéraire localement en usage ou qu'en toute ignorance et par pure commodité ils aient choisi pour se restaurer cette table de pierre, discrétion oblige, on s'en tiendra à distance, saluant pieusement le grand barde défunt dont la voix résonne en ce lieu même comme la corne de brume sur les rivages d'Irlande :

> *Cast a cold eye*
> *On life, on death.*
> *Horseman, pass by !*

Pas plus ici qu'ailleurs, ils ne sommeillent ni ne veillent, les morts. Passez votre chemin, homme de trop grande foi, si c'est pour vénérer en cette enceinte bardée de croix celtiques une ombre invisible, contempler sur la dalle silencieuse les signes de son absence. Entendez plutôt :

> *... Out of cavern comes a voice*
> *And all it knows is that one word « Rejoice ! »*

La langue désormais est sa seule et impérissable demeure où nous autres sommes conviés à séjourner dans l'allégresse de ces chants de vie, sinon l'oubli de notre commune destinée.

En cet hiver à n'en plus finir que jalonnent les petites maladies enfantines, tous les jours se ressemblent. Mais voici venu tardivement le renouveau célébré par l'or des jonquilles et la gaieté des oiseaux. En un rien de temps,

130

les clématites habillent la maison de leurs astérisques odorants, et c'est déjà l'été qui commence.

La sieste tout nus côte à côte dans la touffeur méridienne. Le bourdonnement des insectes sous la lampe à l'approche de l'orage. L'anniversaire qu'on fête avec des rires autour d'un gâteau couronné de bougies. Les promenades après moisson dans les chaumes. Le voyage saisonnier en famille tout droit vers la mer. Le décor des hautes futaies cuivrées qu'on traverse sur le chemin du retour avec un rien de mélancolie. Avant peu, suivi à la lorgnette, le convoi aérien des grues cendrées aux cris rauques annonciateurs du frimas. Le premier feu de bois crépitant sur les chenets, embrasant de son reflet mobile le demi-cercle des figures pensives gagnées par le sommeil. Autant de moments simples à retenir comme un hommage rendu au bonheur qui passe aussi vite que la rose.

Temps où tout est neuf et recommence de nouveau pour l'émerveillement du regard aveugle en revanche aux manèges sournois de la mort qui n'aura endormi la méfiance qu'afin de porter plus sûrement son coup.

Le foyer harmonieux désormais mutilé, dévasté, réduit à ne brûler que d'une commune douleur attisé par l'esprit en révolte contre pareille offense à la nature, avec la tentation si forte pour chacun d'aller rejoindre l'enfant qui n'apparaît déjà plus que furtivement dans leurs songes, sauf qu'obtenir la guérison par l'oubli dont la mort est la grande pourvoyeuse eût été s'en faire les complices et trahir sa mémoire, à quoi s'oppose la certitude étrangement apaisante que rien jamais de leur vivant, pas même le baume du temps, n'en viendra atténuer la souffrance, le cœur dépossédé de son bien le plus cher ne cherchant réconfort que dans la durée infinie de sa peine.

... Mots qui tombent là prématurément comme les dernières feuilles d'un arbre encore tout vissé à la terre, et qu'on ne verra pas reverdir.

À raviver ces moments révolus, on peut faire du temps présent un enfer. Mais chercherait-on par une réaction de défense à les reléguer dans l'oubli qu'ils reviendraient en force s'inscrire sur le tissu de la mémoire pour l'entacher tout entier de leur teinture funèbre.

Mémoire, infatigable mémoire qui multiplie ses leurres avec un art retors, mémoire turbulente comme un enfant qui court de chambre en chambre et que la main ne peut retenir.

Il ne trouve aplomb que sur son propre vide, ignorant vers où va ce chemin qu'il reconnaît parfois curieusement à des traces qui ne sont pas les siennes, ne sachant pas davantage pourquoi il s'y est engagé avec tant de présomption, si même à le poursuivre obstinément il n'aura aucune chance de déboucher sur le lieu encore insoupçonné de sa destination.

Trajet aveugle qui l'exalte, qui l'exaspère comme la lecture d'un récit dont l'auteur eût été conduit à différer sans cesse le dénouement. S'il s'achemine vers un but inconnu auquel il ne devra jamais toucher, quelle force mystérieuse l'empêche d'y renoncer ? Une sorte de courage ou une sorte de lâcheté ? La vigueur séductrice d'une langue qu'il avait congédiée, mais peut-être aussi bien sa pauvreté, l'attrait de sa pauvreté ? Le sombre plaisir de trahir son vœu, celui de remplir un office désespéré en donnant sans y croire valeur vivante à des figures dont l'apparition désordonnée ne se règle pas sur le travail de la raison ? La fatigue de l'âge, et l'impuissance à se taire qui souvent s'y rattache ? (Blessé à mort, le héros d'opéra n'en continue pas moins de chanter sans mesurer son souffle, avec une mâle énergie, et c'est comme si tout son sang jaillissait et se répandait à flots sous les espèces de sa voix jusqu'à la rémission dernière.) Par quel démon s'est-il laissé tirer d'une apathie si durement acquise ? Pourquoi cette fièvre sur le tard dont la ténacité est l'un des traits les plus troublants, toutes ces brûlantes images comme surgies à l'état brut d'un foyer souterrain proliférant avec la force d'une épidémie qu'aucun moyen, même s'il en était encore temps, ne serait assez puissant pour juguler, et les pauses destinées à en ralentir le débit, loin de leur donner un coup d'arrêt, ne servant qu'à en prolonger les effets et à en libérer de nouvelles prises à leur tour dans un mouvement aussi irrésistible que celui de la vie, et qui n'aura de terme cette fois que par extinction naturelle, défection subite, le sommeil sans rêve et laconique de la mort ?

Enfouir le visage dans ses mains et se désintéresser du monde tout en le surveillant du coin de l'œil pour se prémunir contre ses mauvais coups, d'ailleurs bien en vain, c'est toujours lui avec son poids dévorant qui aura le dernier mot.

Hors la loi fuyant le vacarme forain des grands maîtres de la vanité, tournicotant à la dérive sur son ombre, avec combien de compagnons délaissés derrière lui, flairant, démasquant les impostures sans venir à bout de la sienne, toujours occupé fébrilement à faire et à défaire, brouillant tout sur ce mauvais chemin d'où il ne s'écarte que pour se fourvoyer davantage.

Non pas cela fut. Cela est, qui ne demandait qu'un peu de temps et l'abandon au courant de la langue pour refaire surface.

D'une vision en défaut il tire sa vérité propre comme celle de sa relation avec le monde, et c'est elle qui le garantit contre le vain souci d'exactitude, les attestations, les mises au point, les travestissements de la mauvaise foi dont n'a que faire un homme affecté d'une incorrigible déficience de la vue.

Ce n'est là qu'un monde qui meurt lentement devant l'autre qui renaît sous de fabuleuses couleurs pour s'assombrir et retourner comme il se doit à l'état de rien.

Il ne possède rien dont il n'aspire aussitôt à se défaire, sans toutefois y parvenir, moins possédant que possédé par une surabondance d'images fastueuses où il voit la preuve de son inaptitude à modérer le mouvement qui l'entraîne bien au-delà de cette part de lui-même que son peu d'éclat rend impropre à la magnification mystificatrice. Négliger les régions arides où se trahit l'insuffisance de l'être ne répond nullement à une volonté préméditée de se prendre ni de se donner pour qui n'aurait respiré que l'air des sommets, mais au besoin insatiable d'aller plus loin, encore et encore plus loin, toute illusion écartée d'infléchir le parcours en le subordonnant à une fin incompatible avec sa nature qui est de n'en viser aucune et de se poursuivre indéfiniment.

C'est aussi que la recherche scrupuleuse de la vérité, l'absurde prétention à tout dire sont des instances auxquelles se soumettre reviendrait à s'enfermer dans les limites d'un dessein et manquer du même coup par souci de probité ce que les seules forces du hasard sans cesse remises en jeu à la faveur du langage et conditionnées par lui désignent au point le plus reculé comme le centre actif, la substance souterraine dont l'être se nourrit, quelle que soit la perte d'intensité qu'entraîne une représentation approximative qui, liée à la durée changeante d'une vie, doit varier ses reprises et s'en remettre pour chacune d'elle aux occasions de la chance, hors de toute sujétion à un ordre préétabli ou de conformité respectueuse à la réalité des faits derrière laquelle se dissimule comme la braise sous la cendre ce que les mots ont pour mission de ranimer.

À se tracer un chemin ou à suivre un chemin déjà tracé il court également le risque de se fourvoyer et, qu'il le sache bien, dans les deux cas il n'y aura aucun signe pour l'en avertir, pas même la vilaine grimace du doute qui l'accompagne sans le guider, tout juste bon à ralentir sa marche qu'il poursuivra donc aussi obstinément qu'en vain, aveuglé par un reste de foi en son étoile depuis long-temps éteinte, continuant à chercher tantôt avec fébrilité comme s'il y allait de sa vie, tantôt calmement comme pour vérifier qu'il ne trouvera rien.

Qui sait si l'emploi de la forme verbale du présent comme la désignation à la troisième personne ne relèvent pas tout bonnement de la lâcheté : rompre avec le temps présent, s'abriter derrière l'ambiguïté protectrice de la fic-tion ? Et cependant une voix s'élève aussitôt qui, sans trou-ver d'arguments décisifs à lui opposer, s'insurge avec véhé-mence contre les grossières simplifications de la psychologie.

L'esprit appelle à lui les images où il croit se reconnaître et, pourvu que ce soit sans préméditation mais dans le sens et selon des voies qui correspondent à leur secrète nécessité, elles vivent alors de toute la force qu'il met à les rendre aussi présentes que les réalités les plus aiguës du moment, aidé en cela par le fait que pour une large part ce qui est advenu autrefois ne trouve à se produire que sous la pleine lumière d'aujourd'hui. Rien ici qui réponde à une attitude calculée, rien qui n'obéisse au mouvement naturel et impérieux du ainsi-en-est-il parce qu'il ne saurait en être autrement.

Encore faudrait-il pour s'en prévaloir que la nécessité porte en elle sa justification.

À tout ce qu'on s'efforce de lui remettre en mémoire et dont il n'a que faire, il souscrit les yeux fermés, qui est sa façon de l'exclure comme chose insignifiante justement sanctionnée par l'oubli.

Ce mutisme, à se prolonger indûment, bien loin d'approfondir, dérange le silence. L'heure est venue de congédier ceux auxquels il n'aura parlé que pour se taire.

Des mirages, rien que des mirages façonnés par les mots pour peupler le désert de l'oubli.

Une incrédulité si radicale qu'elle en arrive à ébranler ses propres fondements. Mais laisser la défiance s'introduire au cœur du doute – mettre en doute la légitimité du doute –, est-ce encore douter ?

138

En fait de remède contre l'incohérence, il n'a que sa main droite, bien qu'elle lui obéisse paresseusement et même le plus souvent pas du tout, courant à vide, butant contre les obstacles, lâchant prise au lieu de retenir, comme en proie à une agitation superflue qui, loin d'apporter la guérison, accroît le désordre auquel elle donne toutefois un semblant de cohésion. Qu'elle reste un seul jour inerte sur la table, et le tourment du manque se déchaîne.

Il suffirait d'un peu d'ardeur et d'abandon pour remettre en mouvement l'esprit abîmé dans la contemplation de son dénuement, la main engourdie par la froideur hostile du papier. Mais rien d'autre qu'attendre, seul comme un pauvre, le retour de la grâce, son premier signe dans le silence de ces murs, le mot éclair, la formule décisive qui ouvrirait la voie vers un domaine d'autant plus inaccessible que le désir d'y accéder paralyse les élans et, faute de s'approprier l'objet qui lui manque, retombe dans l'inertie.

Expectative qui d'ordinaire n'en est pas moins tout le contraire de la passivité, car ce désir douloureusement tendu, irréalisable sans le concours de forces occasionnelles, exige que, pour se préparer à les saisir, on lutte à chaque instant contre la tentation du repos.

Il attend, il ne peut qu'attendre, et c'est comme si tout autour de lui demeurait suspendu à cette attente de la chance. Que le désir qui s'exaspère et échoue à la capter finisse par s'éteindre, ce ne sera jamais que partie remise : la déconvenue n'a fait que relancer absurdement la volonté d'agir, le jeu ne valût-il pas d'être poursuivi – et il lui arrive d'en rire, sans pour autant y renoncer, à deux doigts de trouver il ne saura jamais quoi, peu de chose sans doute, une autre raison de rire, mais jaune cette fois, ce peu hypothétique comptant pour si peu qu'il ne répondrait pas au grand rêve présomptueux de l'esprit.

Ces images qui se dressent pour construire et qui retombent sans pouvoir donner forme cohérente à un temps aussi indistinct que les régions les plus reculées de l'enfance. Encore un petit effort. Mais à quoi bon ? Et il s'endort sur sa tâche, tel le piètre écolier de jadis que l'énoncé d'un problème inscrit au tableau suffisait à plonger dans la torpeur, d'où le tirait en sursaut la honte d'avoir à remettre copie blanche, bien que son inaptitude à résoudre correctement ces devinettes rebutantes ne lui laissât aucune chance d'éviter les sarcasmes du maître qui en savourait l'effet tout comme à le voir bondir et se contorsionner sous la morsure du fouet.

Il ne se presse pas d'arriver comme s'il disposait d'un temps sans limites ou qu'il eût d'ores et déjà perdu tout espoir d'une issue, auquel cas cette nonchalance serait le signe d'un abandon imminent, mais pourquoi ici plutôt que là ? De même qu'il ne s'est jamais proposé aucun but ni soucié de voir plus loin que le sol à ses pieds, il ne mettra pas le point final avant sa propre fin.

Combien de moments et de figures inoubliables dont on dirait que par méfiance du langage ils se refusent à reprendre vie, comme préférant au grand jour la discrète pénombre d'une mémoire individuelle vouée à disparaître avec eux : il n'est pas de lieux plus sûrs que la mort et l'oubli.

L'expression du désespoir a comme toute autre sa rhétorique propre à laquelle les plus désespérés s'abandonnent sans retenue et ne tentent de s'opposer que ceux qui trouvent, à lui substituer quelque forme inhabituelle, un apaisement au moins momentané, peut-être une manière de revanche sur le mal qui les ronge, dont on ne dira pas, pour autant qu'ils le font servir à des fins esthétiques et savent en tirer de beaux effets, qu'il ne correspond à aucune expérience vécue, qu'il n'est que le ressort d'une fiction destinée par la mise en œuvre de subtils procédés à donner comme au théâtre l'illusion d'une vie tourmentée. Peu importe par quels moyens cet effet de suggestion est atteint : ceux qui les emploient avec art, et ce terme serait-il pris dans un sens dépréciatif, n'en demeurent pas moins habités par le désespoir, tous également sans défense devant lui qu'aucune arme verbale, fût-elle inédite et de la qualité la plus fine, ne parviendra jamais à conjurer.

Les faux départs et les renoncements sans retour : sa gloire secrète, son unique gloire.

Que le chemin semble infini à celui dont le temps est compté, lequel néanmoins le poursuit sans précipitation, et il est vrai que rien ne le presse, car le terme serait-il en vue qu'il lui apparaîtrait toujours infiniment lointain, à jamais inaccessible, peut-être même indésirable pour autant qu'y parvenir signifie briser le mouvement aventureux de la recherche qui l'anime, entrer dans une passivité mortelle, faire en somme comme si, la question résolue, il ne lui restait désormais qu'à se laisser glisser sans effort vers sa propre fin, à vivre ses derniers jours dans la niaise satisfaction d'une existence accomplie, toute couronnée de souvenirs et de sagesse sénile, où il n'aurait plus à vaincre que les misères du corps, rien à attendre que ce froid qui viendra bientôt l'envelopper.

Il marche à présent d'un pas de somnambule sur une terre appauvrie où ne lui parvient que la sèche odeur de sa récolte abandonnée, ce monceau de feuilles froissées auxquelles il a mis froidement le feu.

Serait-il temps de réparer les dommages qu'il n'en ferait rien, faute de savoir aujourd'hui comment s'y prendre. Vieux compagnon sans emploi qui a perdu la main.

Las d'attendre sur la berge, il se jette à l'eau. Où est-il maintenant ? Sur l'autre rive à refaire provision d'énergie. Et ainsi de suite jusqu'à ce que ses dernières forces l'abandonnent au milieu du courant.

Au fil du temps, mais que ce fil vienne à se perdre et le temps n'est que matière confuse, masse amorphe, rumeur aussi inconsistante qu'un discours dont rien du premier au dernier mot n'aurait retenu l'attention.

Laisser sa pensée tourner autour de la mort n'est en définitive qu'un exercice risible auquel viendra mettre fin tôt ou tard la vraie souffrance du corps à l'agonie.

Comment malgré tout ne pas y revenir et même s'y attarder, non pas dans un but d'ascèse à la manière du moine des images pieuses qu'on voit devant un crâne méditer sur sa condition mortelle, mais pour assouvir un désir angoissé, et en rire aussi sans doute, de ce rire qui écarte l'angoisse, par lequel cependant l'angoisse s'exprime sous l'apparence de la désinvolture – un rire à peine différent de celui que suscite une plaisanterie macabre d'autant plus irrésistible qu'elle tranche sur la gravité des circonstances, qu'elle est par les rieurs eux-mêmes jugée de mauvais goût.

Désir et peur mêlés dans la certitude de tout perdre, auxquels, fût-ce par un rire irrévérencieux, on ne parvient pas à donner le change, car bafouer la mort à partir de ses signes extérieurs ou des rites de deuil qui l'entourent, c'est montrer qu'elle garde son pouvoir obsédant. Mais si chacun doit reconnaître, à moins de s'abuser, que la prendre comme objet de dérision n'est qu'un subterfuge, une comédie qu'on se joue sans y croire pour déguiser en rire son horreur de l'anéantissement et qui de toute façon ne règle rien, s'il admet qu'en libérer l'esprit excède les forces humaines soumises à la loi inexorable de l'espèce, pour autant que l'esprit n'accepte pas la possibilité d'une défaite, il se défend d'instinct soit dans le mouvement irraisonné de la jeunesse par un appétit de vivre qui sonne comme un joyeux défi soit à son déclin par le pauvre expédient de la raillerie, et souvent du cynisme le plus grossier qui ne trompe ni ne choque personne, pas plus que n'impressionnent les déclarations tapageuses d'un lâche pour sauver la face. (Il n'y faudrait qu'un peu plus de légèreté, autant dire ce qui nous manque à nous autres qui ne sommes pas de purs esprits, mais des êtres frappés d'une lourde malédiction, dont la vie précaire comme celle des bêtes est sans cesse et de toutes parts menacée.)

Plus il lutte, plus il cède du terrain. Que ce combat acharné l'entraîne à la longue vers sa perte ne fait aucun

144

doute, et c'est justement pareille certitude qui l'empêche d'y renoncer. Même s'il pense avec non moins de certitude qu'il s'en faudrait d'un rien pour l'emporter, combattre signifie que ce rien lui fera toujours défaut.

Toute possibilité de souffler comme de revenir en arrière lui étant retirée, ce vagabondage forcé lui donne l'illusion de couvrir des distances et d'avancer du même pas que la passion qui le conduit là où il trouvera peut-être ce qu'à défaut de chercher il avait longtemps attendu, mais quoi au juste il n'en sait rien, et c'est de son ignorance de la fin poursuivie qu'il tire la force de persévérer sur une voie qui en vaut bien une autre, même si elle semble destinée à faire trébucher plus qu'à être parcourue. En est-il d'ailleurs aucune qui puisse s'emprunter sans risque et mener dans la bonne direction ? L'explorateur d'une terre inconnue met autant d'énergie à en affronter les périls qu'à en reculer les limites : l'absence de repères, l'hostilité des éléments et d'une nature encore brute le stimulent plutôt qu'elles ne l'arrêtent.

De ce chaos désolé tout cependant l'engagerait à se détourner, si ce n'était ruiner le mouvement qui l'y a conduit, signer son échec avant même d'avoir échoué. Il lui faut donc aller son chemin jusqu'aux bornes extrêmes de l'endurance, dût-il se déchirer cruellement aux épines, traverser en suffoquant tous les feux de l'enfer pour ne déclarer forfait qu'à la veille d'en toucher le terme qui sera le moment de mourir comme chacun sans avoir établi sa preuve.

Se croire capable de renverser tous les obstacles, sauf le dernier en vue duquel venir seulement à bout des autres ne compterait pour rien.

Il a oublié entre-temps où le mène son chemin sur lequel, passé le point de non-retour, il marque le pas, et c'est tout comme s'il avait atteint sa destination.

Son exaspération, ses défis, sa brûlure... Mais il ne se reconnaît à la fin qu'au plus près du silence.

De l'envol à la chute, tous ces grands espaces paisibles désertés par la mémoire.

Ne pouvant rien faire ici du peu qu'il a retenu, refusant d'obéir laborieusement aux règles de l'harmonie, ne voulant plus rien entendre ni voir, il franchit d'un bond brutal la faille qu'il retournera combler s'il en a demain le désir, la force et le temps.

Sans remettre en cause le principe d'une célébration de la vie, mais comme de haut on sonde le fond du désastre, côtoyer l'abîme toujours d'un peu plus près, au risque de perdre pied devant la vision béante qui se creuse vertigineusement pour en défendre les abords.

Deux décennies pèsent moins que le trait fulgurant venu en une seconde frapper, déraciner, trancher au plus vif, mettre en pièces...

Après la courte saison des fables, ses lueurs éblouissantes, la force rapide de son action, tout se brouille et s'éteint qui ne reprend figure que sous les traits de la gaieté perdue, les derniers élans refroidis par la sage, la trop clairvoyante raison, dissipées les chimères du cœur, la magie des fêtes, la dévotion au langage – et pire, bien pire, l'accord tant de fois recherché rompu par ce rapt sec comme la décharge d'une arme à feu, la grâce incarnée, la beauté si fière inacceptablement anéantie, la douleur sans mesure qu'attise au réveil sa douce apparition dans les rêves de chaque nuit, le vœu de retrait bientôt délié par le déferlement de la vie qui toujours l'emporte à la fin, mais ne découvre en se retirant qu'un champ de décombres.

Comment l'entendre, elle qui leur parle maintenant de si loin avec si peu de mots que la distance rend de jour en jour plus rares, la vie retrouvée plus difficiles à saisir ?

Défier la vision qui retentit comme un ouragan dans tous les membres : froide inertie du corps enfantin en croix sur la pierre où trois ombres s'effondrent à genoux.

Rien après ce coup foudroyant porté au cœur même de l'être – sinon par un long cri d'épouvante, et d'une main qui tremble encore.

Au milieu des ruines où une voix l'appelle, l'appelle et le rappelle. La voix encore, voix déchirante. *Ne me lie pas à toi de la sorte.*

Toi qui ne sais rien de l'aventure de ta mort que seuls vaincus par elle nous avons à vivre sans toi côte à côte comme déjà couchés nous-mêmes dans la tombe.

149

Pourquoi interpeller qui ne peut plus entendre et n'a plus de voix pour répondre, pourquoi défier très naïvement l'énorme silence des morts que nul vivant n'a jamais eu la force de rompre ?

Quand apparaît le fier et malicieux visage tout baigné par la jeune lumière de son rire – douleur qui fait reculer le sang et retourne cruellement le cœur dans sa faute, douleur pareille à du sel dans la plaie.

Épreuve justicière, interminable expiation qui se vit dans la déchéance de survivre.

Aux jours les plus sombres où toute flamme est éteinte, vers ce regard si sauvage et si bleu monte le cri étouffé de sa compassion impuissante à éclairer la pauvreté de leurs larmes qu'ils mêlent en joignant silencieusement leurs figures et leurs mains.

Souffrance qui frappe si haut que la voix se retire, excluant tout partage, mais dont aucun n'aurait la force d'affronter sans l'autre la fureur dévastatrice.

Comme veillant tous deux sur ce qu'ils ne peuvent se dire qu'en l'accordant au silence de leurs voix.

150

Se roulant dans son lit avec cette détresse comme une pierre trop lourde qu'on ne peut déplacer, attendant le jour si lent à venir, mais pourquoi l'attendre, est-ce de cette première clarté aux fenêtres que viendra le salut ? Nuits, longues nuits qu'il faut traverser les yeux grands ouverts sur ce que le jour plus généreux enveloppe et dilue dans sa lumière, et qu'elles rameutent à nouveau ponctuellement pour le circonvenir de quelque côté qu'il se tourne et l'entraîner jusqu'au point du jour dans le même circuit destructeur.

Les bêtes nocturnes rentrent dans leurs trous, le museau pointé au-dehors, prêtes à bondir sur leur proie qui est là, invisible et toujours là.

Tout ce qui fait honte à l'esprit mais qui est le plus fort, la pudeur étant vêtement de luxe pour les malheureux trop fatigués de souffrir.

Existant sans vivre, implorant vainement le coup de grâce, mais trop morts déjà pour mourir, avec ce silence en eux qui les sépare de la langue des vivants.

Sauf la musique entendue pour se garder mieux dans le voisinage de la mort, repoussant comme bien impropre toute chose qui donne de l'espoir, écartant fermement la main secourable, mais si honteux d'avoir à le faire qu'il voudrait se reprendre et la tenir sans broncher dans la sienne.

Ne sachant par où commencer le jour qui se présente ni par quel détour échapper au temps infini du désœuvrement comme un malade inerte dans ses draps voit lentement sa vie se tarir.

Le cimetière à flanc de coteau où chacun retourne en se cachant de l'autre pour chercher inlassablement sur la pierre un contour au visage aboli.

Il n'y a qu'une ombre tremblant sur l'insensibilité de la pierre, d'autre vestige qu'un bouquet de roses blanches verdissant au soleil, mais où sont son signe, sa beauté, le charme fragile de ses membres, la cascade de son rire si enfantine, toute cette grâce mystérieuse devenue en un jour ce rien qu'il a fallu abandonner à la terre ?

Le désir, l'art de parler perdus par la privation essentielle.

L'atroce charité des images que remue la mémoire encore chaude.

152

Paroles, rires, échos de la joie ancienne qui résonnent dans un lointain intemporel, et s'effacent sans se faire oublier.

Ramené chaque fois au vrai lieu du malheur par ce regard absent à ses côtés, d'une tristesse extrême, mais plus hardi que le sien à en pénétrer tout le fond.

Mortel état qui empêche la mémoire de se taire et la dirige très durement.
Sombre obstination des morts, douceur étouffante de leur ombre enveloppant le cœur qui s'en nourrit des ombres de la déraison.

La place est vide, hors de vue, mais toujours visible en son effacement, l'image de l'innocente beauté qui serre le cœur et revient à pas légers comme d'un autre espace l'arracher au sommeil.

Qui appelle ? Personne. Qui appelle encore ? Sa propre voix qu'il ne reconnaît pas et confond avec celle qui s'est tue.

Appels de loin en loin, appels presque sans voix pour appeler, auxquels il répond en baissant la sienne comme au temps de sa jeune croyance il faisait mentalement sa prière, sûr qu'un ange à l'oreille fine était là pour l'entendre et chasser d'une épée invisible tous les démons de la nuit.

Jusqu'à quand le cœur persistera-t-il dans son délire ? Faut-il fermer les yeux pour conjurer ce mauvais sortilège de la mort qui expose au regard ce qu'elle interdit d'approcher et d'étreindre ?

Quiconque refuse le fait accompli entre en hostilité avec lui-même et, livré sans rémission à tous les raffinements de la conscience de son malheur, ne retrouvera jamais le repos, à moins de tabler par un lâche calcul sur les effets thérapeutiques du temps pour empêcher qu'elle le commande et le détruise, mais même si le besoin de souffler devait un jour y conduire, comment vouloir d'un tel repos qui aurait le sens d'une trahison ?

Mieux vaut ne pas guérir si c'est pour rentrer sagement dans la vie et ses devoirs où, toute vision disparue, il n'y aurait d'autre lien entre eux que la distance infranchissable qui les sépare, d'autre recours contre les larmes qu'une volonté de désaffection, un sombre renoncement, la soumission aux réalités contraignantes dont l'esprit profondément atteint s'était détourné, opposant au monde étroit de la raison sa douleur infinie.

Quelle aberration cependant de vouer sa vie à maintenir vivante en sa beauté la présence perdue : le cœur le plus fidèle délaisse ses morts et déjà de tous les côtés l'oubli sournoisement fait son œuvre.

Ce double pétrifié dans le miroir, ce fantôme gris au regard de fou qui, sans remuer les lèvres, dit non et non.

Le malheur dont il ne peut rien être dit qu'en retrouvant la calme possession du langage, mais c'est alors oublier ce qu'il fut : une pure violence qui ne tenait de sens que d'elle-même et ne parlait d'autre langue que la sienne, vouant d'avance à l'échec toute tentative de restitution, exigeant à jamais le silence – silence que lève pourtant, venue de très loin, une voix défaillante, étranglée par la peur de s'entendre, mais aussi de se faire mal entendre en n'alignant que des mots et par eux de laisser brutalement resurgir une réalité inconcevable que, malgré leur ruse à tout accommoder à leurs lois et quelle que soit leur inaptitude à en reproduire la puissance destructrice, ils n'ont pas le pouvoir de neutraliser : la chose est de nouveau là, suscitée par les mots mêmes auxquels elle échappe sans cesser pour autant d'être parmi eux qui, tout en

155

renonçant à la maîtriser, signalent sa présence, dénoncent la cruauté de son action.

Si le malheur n'avait pour celui qui le vit le sombre attrait d'une tragédie... Assertion à peine amorcée qu'elle s'étouffe dans la gorge, et qui ne pourrait s'énoncer entièrement qu'à froid, avec la désinvolture railleuse que donne une lucidité prétendue – l'expérience du malheur n'offrant après coup qu'un sujet de réflexion bornée, sans rapport avec ce qui dans l'épreuve ravageait de fond en comble la pensée, celle-ci dût-elle par la suite lentement se relever de ses ruines.

Jusque dans le malheur le plus extrême se glisse l'imposture. La comédie en est la face dérisoire et honteuse.

On n'en vient jamais à parler du malheur que pour nier la possibilité d'en parler, ou pour camoufler sous une emphase verbale ce qui en lui se dérobe à l'expression – de même que c'est mentir par omission de faire comme si n'entraient pas en jeu tôt ou tard les forces sacrilèges de l'oubli.

Mais taire le malheur serait manquer plus gravement encore à ce qu'il eut d'indicible, et qui ne peut s'effacer. Il faut en passer par la misère des mots, quitte à trahir ce qui, leur échappant de toutes parts, se réduit à la nudité d'un cri, au sourd gémissement d'une bête prise le pied dans un piège – pas même : à la perte de souffle, à un atterrement sans fin.

(Ces termes ne sont pas moins indigents tant le malheur

156

se vit là où il n'est pas de communication possible, cher-cherait-on ensuite follement et sans espoir à faire entendre ce qui ne peut l'être qu'au prix d'une perte d'intensité par le recours à de faux-semblants auxquels il n'est pas réduc-tible. Cependant, la nécessité d'arracher le malheur à la nuit du silence absout le crime de trahison : le langage fait obstacle à la déchirure de l'être, mais lié au malheur qu'il désigne, il est aussi cet être déchiré, en désaccord avec lui-même, et qui ne joue jamais qu'en perdant.)

Nul n'est là pour le guider vers la sortie et quand il y parviendrait tout seul, nul ne se hâtera pour l'accueillir.

La rupture silencieuse qui n'efface rien, sauf que tout est désormais comme hors du temps, le passé insituable, le présent sans emploi, l'avenir et sa possession sauvagement refusés.

Exténué, misérable, gémissant plus bas que terre, où est passée toute cette puissance de vivre qui lui servait à refuser la vie ?

La volonté d'entreprendre et celle d'y renoncer également enveloppées de suspicion, toute la fièvre de l'esprit se détruit jour après jour dans la violence de son refus, comme avide d'atteindre le point mort où lui fera défaut jusqu'au sentiment de sa ruine, qui n'est que la façon la plus misérable de vivre une autre imposture : s'attacher à sa propre perte comme à l'unique possibilité de se trouver une issue.

Mais de là à tenir pour un fait accompli ce qui ne fut jamais qu'une aspiration puérile et sans lendemain, celle d'un enfant qui rêvant d'être pleuré par ses parents irait se cacher dans le fond des bois...

Qui a les moyens de se taire s'imagine régler la question en faisant le mort quand il n'a pu que se maintenir à la limite de l'anéantissement que la raison ou quoi que ce soit de moins noble lui interdisait de franchir.

De cette épreuve qu'il n'a pas consenti à subir jusqu'au bout, il ne saurait parler sans tricherie, sauf à en marquer le sens qui eût été, si elle avait abouti, de refuser avec force le mauvais accord avec soi dont dépend la survie, d'asphyxier littéralement les capacités du corps et de l'esprit, celle de l'expression étant visée la première et de fait la seule pour un long temps réduite à l'impuissance, sinon pour toujours car c'est l'affaire de la mort qu'il ne se donnera pas plus qu'il ne s'est donné le jour.

Il regarde sa main d'un air sombre – combien de temps encore va-t-elle *fonctionner ?* – et se remet à la tâche avec aversion.

160

Avide de renouer avec le dehors, sa folie est d'attendre chaque jour une réponse aux messages qu'il n'envoie plus.

Il tourne devant les miroirs pour cacher sa figure. Tout proche est le grand âge où, n'ayant plus le cœur de prendre part au monde ni de retrouver en deçà ce qui était le mouvement et la vie, il sentira amèrement mêlée aux désordres du corps la froide présence des choses, quel que soit le lieu de son effondrement solitaire, comme dans le coin d'une salle d'attente, jusqu'à la nuit parlant encore il parlera aux murs. S'y enfermer avant l'heure pour entendre sa voix mourir avec lui serait le seul et vrai dénouement : tout ici fut voué dès l'origine à ne prendre fin que par défaut.

Mais ce temple de l'instant, qu'il soit profané, qu'il s'écroule avant même la pose du dernier instant.

Toujours attendue, toujours inattendue la visiteuse, qu'elle survienne trop tôt, à l'heure ou tardivement. Penser à elle sans relâche n'est qu'une façon illusoire d'arrêter le fonctionnement de la pensée – vide irréalisable en ce qu'il se comble aussitôt de lui-même avec du sens qui ramène à la vie, ne vivrait-on que pour en hâter la venue.

161

Dénaturer avec art sa mémoire obscurcie, recourir à la détestable beauté des phrases, s'abandonner à un vocabulaire d'emprunt pour dissimuler sa misère...

Comme si jeter un fil conducteur entre les éléments dissociés d'une existence devait aider à leur résolution commune et toute tentative verbale pour leur restituer leur premier éclat qui eut la brièveté d'un feu de paille les soustraire aux effets ruineux du temps.

Illusion, dernière illusion d'un rêveur impénitent, écartelé entre la nécessité de faire jouer ses ressources et la tentation d'accueillir tout ce qui peut concourir à leur perte, englué pour finir dans un désordre humiliant où il aura vu se dissoudre l'une après l'autre ses chances.

Vivre aussi sèchement qu'une pierre toute la vie mise en doute. Vers la parfaite obscurité diriger ses pas. Placer sa foi dans le renoncement farouche à la tâche, enfouir derrière soi faux desseins et produits faussaires, refermer l'instrument sans esprit de retour comme on tire le drap mortuaire par-dessus un visage. Autant de résolutions mal tenues dont ceci même est la preuve. Mais le corps et l'esprit si tentés de se détruire peuvent-ils longtemps déjouer la loi en reniant le vrai sang qui les fait vivre ?

Attiré sur ce terrain imprévu par les forces éclatantes de

162

la vie, il y aura rendu les armes une sixième et dernière fois avant de rejoindre les mains nues – *ad plures ire sine ultima verba* – le lieu premier, le non-lieu, le rien de rien où tous les mots étant heureusement abolis, le silence même perd sa nature et son nom.

Voyez ici, dans le coin tout en bas de la toile vierge,
les vestiges d'un naufrage

APRÈS

À relire la plupart de ces notations éparses, il a perdu la raison que peut-être il n'eut jamais de les mettre noir sur blanc. Qu'il les y ait mises toutefois et maintenues laisse conjecturer qu'elles répondirent en leur temps à quelque nécessité réelle, pour obscure qu'elle lui paraisse aujourd'hui, ne plus comprendre ce qu'on a voulu dire pouvant être le signe qu'on a dit l'essentiel, comme aussi bien la preuve d'une inaptitude à le formuler en termes intelligibles.

AU POINT MORT

Que faire de tout ce temps qu'il aura vécu à l'écart dans le silence et l'oisiveté, si peu soucieux de hâter le réveil de ses forces endormies ? Rien, pas même en mesurer sèchement l'étendue.

Comme à consulter un atlas du continent africain, on y voit figurer en couleur bistre l'immense poche qui le partage par le milieu, ce Sahara aux limites topographiques d'autant moins fiables qu'il gagne sans cesse du terrain, rongeant à la manière d'un chancre les vertes régions du Sud, ainsi d'une longue existence où plus les zones arides prolifèrent, plus il devient malaisé de les circonscrire, hasardeux d'en calculer la dimension au moyen de jalons à peine posés que déjà dépassés. Procéder à une évaluation définitive serait aussi vain que de vouloir stopper net la progression du désert.

Ces espaces stériles aux contours imprécis occupent sur la carte de la mémoire une place si envahissante qu'à

169

moins de mauvaise foi il est impossible de ne leur accorder qu'une importance mineure, plus encore de n'en tenir aucun compte comme d'une chose inavouable qu'on passerait tout bonnement sous silence.

Calme plat. Ne savoir qu'en dire est retomber sous la fascination du vide dont seuls les mots auraient su délivrer, mais comment donner consistance à ce qui par définition en est dépourvu ? Inconsistance qui s'accorde cependant avec le caractère impersonnel de toute destinée et, dès lors qu'on l'exclut, il s'ensuit que ces parties manquantes permettent à celles dont elles devraient être le complément, sinon d'envahir tout le champ de la vision rétrospective, d'y occuper une situation privilégiée sans rapport avec l'exiguïté de leur espace chronologique, ce qui revient à fausser la perspective de l'ensemble, si tant est qu'il importe, par souci d'équilibre, de se conformer au code établi d'une harmonisation factice que les forces les plus vivantes en lui rejettent comme une atteinte à leur autonomie, une servitude insupportable.

Que les mots ici ne répondent plus à l'appel de la mémoire en dit long sur la vanité des tentatives de restitution globale, sans qu'on puisse avancer pour autant que tout ce qui ne parvient pas à surgir au présent par la médiation du langage soit un passé mort : infigurable seulement, mais comme tel provoquant une rupture dans un mouvement qui se voulait unificateur au départ et n'est en perte de vitesse que pour avoir échoué à contourner l'écueil de ces multiples solutions de continuité, pareilles aux dépressions atmosphériques qui déstabilisent le vol à moyenne altitude, rendent de plus en plus aléatoires le maintien du cap, la maîtrise des commandes.

Dissipé en fumée le rêve d'une souveraineté à laquelle le refus de se laisser asservir eût permis d'accéder : le sien, pour n'avoir été que l'expression d'une rage impuissante, ne prit jamais la forme d'une rupture décisive, sauf lorsque des circonstances très tard, et qui n'avaient rien de fortuit, l'autorisèrent – mais liée à la conjoncture, il lui manquait l'éclat magique de l'imprévu.

De cette période hachée par les contraintes où, cruellement privé de perspective, il rongeait son frein à longueur de journée, plein d'inutile rancœur contre lui-même, ne subsistent sur un fond d'ennui que peu d'images mémorables, et qui sont pour la plupart comme autant de coques vides à jeter au feu. Il n'en sera donc fait état que par acquit de conscience, sans entrer dans le détail d'une matière si ingrate qu'on n'a pas le cœur ni d'ailleurs la capacité de lui donner forme verbale : elle est proprement intransmissible.

À ne pouvoir lever pareil obstacle, comment toutefois se défendre d'un sentiment d'insatisfaction, voire dans une moindre mesure de culpabilité, car enfin c'est là, qu'on le veuille ou non, mentir par omission ou, plus exactement le serait si ce qu'on a entrepris de réincarner par le langage n'en était pas moins périssable, dût-il dans le meilleur des cas survivre un temps au sujet qui l'avait tiré de l'oubli.

De son rêve d'une aventure imprévisible et joyeuse il ne subsiste aujourd'hui que le regret d'avoir échoué à en faire autre chose qu'une morne contrefaçon, soit pour ne s'y être pas pris en temps voulu, soit faute de rapidité dans l'exécution d'un dessein qui visait, si tant est qu'il puisse clairement se définir, à donner du chemin parcouru une vision concrète où, par approches successives, auraient été rendues présentes sans précaution oratoire et comme restituées à vif dans leur élan premier, fût-ce de façon anarchique, toutes les forces en mouvement du corps et de l'esprit, lesquelles s'affrontent au sortir de l'enfance pour ne trouver que rarement par la suite à résoudre leur conflit en une conjonction harmonieuse.

Mais en vérité les saisons se valent toutes. Peut-on affirmer d'aucune qu'elle eût réuni les conditions favorables à la pleine ou seulement partielle réussite d'une entreprise qui demandait de surcroît à être menée tambour battant ? Ni la fougue de la jeunesse ni le savoir-faire de la maturité, non plus que le froid recul du grand âge ne sont par eux-mêmes des facteurs déterminants, de sorte qu'attribuer cet échec à un accomplissement trop tardif n'est qu'un faux-fuyant, une manière de s'en dissimuler la cause mortifiante pour l'orgueil de l'esprit et maintenir le peu d'espoir auquel on s'accroche de trouver une échappée par où repartir à neuf.

Quant à la souveraineté, quiconque l'a perdue s'efforcerait vainement tout au long de sa vie d'en concerter le retour – telle est bien la contradiction majeure à laquelle conduit et se heurte une confiance aveugle dans les capacités humaines, qu'on la nomme présomption ou orgueil. Après tant de déconvenues, elle n'apparaît guère qu'une notion creuse dont on use désormais avec méfiance, n'y en aurait-il pas d'autre pour désigner ce qui paradoxalement n'est inaccessible qu'en raison de la persistance à en vouloir faire contre tout bon sens et si mal à propos un objet de conquête. Qu'un mouvement souverain excède l'intention, la déborde de toutes parts, dans la mesure où c'est l'effet non d'un calcul mais de quelqu'un que la grâce a visité, celui-ci ne saurait légitimement s'en prévaloir, le revendiquer comme un triomphe personnel.

Aussi bien, faut-il se garder de confondre la souveraineté avec l'exercice du pouvoir qui en est la négation et, afin d'en recevoir à nouveau le don, comme aux jours inoubliables de l'enfance, loin de chercher par ses propres moyens à en susciter la venue, ne tabler que sur l'intervention de la chance, tout en sachant que ce retour tant attendu, s'il doit se produire, ne durera que le temps d'un éclair, que c'est là ce qui en fait tout le prix, ainsi qu'il en va d'une jouissance fulgurante, d'une brusque illumination de l'esprit, mais dont on peut craindre que, pour avoir été trop chichement mesurée, ne s'en perde la trace

173

et jusqu'au désir même, ce qui serait entrer avant l'heure dans une sorte d'interminable agonie.

Comme une feuille à l'automne quitte la branche d'où la sève s'est retirée, il arrive qu'on se dépouille sur le tard de sa dernière illusion, laquelle n'aura survécu aux autres que parce qu'elle servait d'aliment à la pensée, lui donnait élan et vitalité. Détaché de sa base de sustentation, l'être n'est plus alors qu'un organe mutilé flottant au-dessus du vide qui l'attire et se creuse à mesure qu'il descend pour le dévorer finalement tout entier.

VOIX BONNES
MAUVAISES CONSEILLÈRES

Rien n'est inaccessible, rien du moins aux yeux de qui ne souhaite accéder nulle part, et tel semble bien être ton cas, sinon pourquoi rester sourd à nos voix qui te soufflent à l'oreille : Voici ta chance, saisis-la au vol ! Peur d'échouer et d'avoir à en faire l'aveu ? Non pas, car, loin de te repousser, l'échec t'attire comme le vide qui s'ouvre sous ses pieds un homme pris de vertige, alors que les sommets auxquels chacun peut accéder à peu de frais n'exercent sur toi aucune attirance, et le fait est que tu n'y vises pas, préférant les contempler à distance, le dernier de tes soucis étant de fournir la preuve manifeste de ton aptitude à t'élever jusqu'à leurs cimes. Tu le pourrais cependant à condition d'en redescendre au plus vite, mais te prêter à pareille comédie irait à l'encontre de ta volonté de refus sans la justifier pour autant, et d'ailleurs aux yeux de qui ?

Il n'en reste pas moins que c'est te mettre en position ambiguë, à mi-chemin entre le désir de renoncement et celui d'en transgresser les règles, la première de toutes, et la plus sévère étant la règle du silence à laquelle tu n'auras su te plier que pour un temps limité. Après quoi, de concession en concession avec juste ce qu'il faut pour sauver la face, te voilà prêt à tous les accommodements que, sans les condamner expressément chez autrui, tu jugeais incompatibles avec le maintien d'une ligne de vie conforme à tes premières exigences, car il se peut que ta jeunesse ait péché par présomption et inexpérience, mais le *non serviam* dont ce fut comme l'emblème ne serait-il plus de saison ? Ou bien faut-il croire que s'en est seulement atténué le caractère provocant qui l'eût rendu à la longue inviable dans un monde adulte garant des valeurs que tu contestes, auquel cas comment entrevoir et admettre la possibilité d'un reniement ? Qui sait cependant si la fatigue aidant, pour peu que s'y ajoute un sentiment de culpabilité, tu n'en viendras pas à soutenir la cause indéfendable de ces renégats au nombre desquels tu risques de figurer un jour en bonne place ?

À toi de démentir ces sombres prédictions qui ne te sont faites aujourd'hui que pour te servir de garde-fous, et qu'importe si tu rétorques en riant qu'elles sont dénuées de fondement. Le moindre faux pas et tout serait par terre. Ce n'est qu'en fin de partie qu'on peut se proclamer gagnant ou bien reconnaître qu'on a échoué. En attendant, garde la modestie inquiète de celui qui craint à chaque moment de glisser et de tomber – non pas au point toutefois d'en avoir les jambes coupées...

176

N'oublie pas que la lucidité dont il t'arrive de tirer orgueil est celle d'un aveugle parmi les aveugles, que de toute façon lui accorder une valeur qu'elle n'a pas serait à coup sûr en manquer. Sous les dehors d'une rigueur implacable, elle n'est le plus souvent qu'abandon complaisant au pire dont on jouit avec la mauvaise ivresse d'un homme pris de boisson.

Si le cœur t'en dit, interroge-toi, mais autant que possible évite de te donner une réponse, le propre des réponses étant de n'apporter aucune solution, sauf à qui se laisse abuser. En revanche, il est bon parfois d'entendre sa voix poser des questions pourvu qu'elle s'abstienne sagement d'y répondre.

Que la difficulté de l'entreprise, sinon son impossibilité avérée par la suite, fût patente presque d'entrée de jeu, voilà qui explique que tu aies pu lui accorder un peu hâtivement une vertu stimulante, comme c'est parfois le cas en effet à condition d'avoir de bons outils sous la main et appris par une longue pratique à les utiliser au mieux.

Pourquoi marquer le pas à la croisée des chemins ? N'importe lequel d'entre eux choisi au hasard fera l'affaire dès lors que, marchant sans but, tu obéis à l'obscur besoin de te perdre en route. De même que si tu avances un pied autant avancer l'autre : toute recherche d'une direction précise aurait pour effet de t'immobiliser sur place.

Remets à plus tard ce qui ne se présente aujourd'hui que dans la confusion, ou, pire encore, avec une perte d'intensité telle qu'aucun artifice verbal n'y saurait remédier. Il n'est pas en notre pouvoir de refaire d'un cadavre un corps vivant.

Différer soit, mais jusqu'à quand ? Le temps presse. Ne rien oser entreprendre qui n'ait chance d'aboutir équivaut à renoncer pour de bon, sans compter qu'il y a des cas d'abord jugés insolubles qu'on résout d'emblée comme en se jouant, d'autres pour lesquels il faut y mettre le prix. De toute façon, à peine croit-on en être venu à bout que le doute renaît, plus lancinant encore et sous la forme cette fois d'une dépréciation sans merci, mais trop tard : rien ne fera jamais que, bien ou mal, la chose qu'on avait à dire n'ait été dite au moment favorable, sur laquelle il n'y aura donc pas lieu de revenir, sauf que ce qui sort tout droit comme du canon d'un fusil n'atteint pas forcément la cible et le temps de rectifier le tir, la voilà déjà hors de portée.

Autant reconnaître que tu pèches par impatience.

Par lenteur, uniquement par lenteur, faute de savoir viser juste au premier coup d'œil. Remettre à plus tard, et comment faire autrement puisqu'en l'occurrence notre maladresse nous y contraint neuf fois sur dix. Mais l'espoir d'une amélioration, si improbable qu'elle soit, permet de subir des échecs répétés sans baisser les bras, du moins jusqu'à nouvel ordre.

Celui qui accomplit ce tour de force de se nourrir d'espérances tout en les sachant chimériques, de quoi n'est-il pas capable ?

De presque rien par lui-même. S'il s'ingénie à tirer de sa faiblesse le meilleur parti possible, non pas en manière de compensation, mais comme un devoir auquel il ne renoncera pas avant la dernière heure, ses moyens d'action déjà très limités s'amenuisent de jour en jour et, ne pouvant plus compter sur eux seuls pour rompre le cercle étroit où il demeure enfermé, il s'en remet follement à il ne sait quoi d'aléatoire, d'imprévisible, persuadé que tout est à tout moment possible aussi longtemps que certaines forces qui dorment en lui ne demandent qu'à se réveiller, qu'il faut pour cela maintenir la possibilité de ce qu'on désigne habituellement par la chance, mais sans chercher d'aucune sorte à en provoquer la venue car elle s'évanouirait sur-le-champ ; qu'à l'inverse, refuser de jouer jusqu'au bout dans la certitude de perdre la partie serait se montrer mauvais joueur, et la perdre à coup sûr.

179

L'incohérence de ton commentaire qui est comme la parodie des contradictions intimes où tu te débats prouve s'il en était besoin que, la chance aidant ou pas, à vouloir résoudre l'insoluble, concilier l'inconciliable tu resteras toujours perdant.

Perdre ou gagner en définitive importe peu, mais l'erreur est de *jouer perdant* comme le fait celui qui n'attend rien d'une partie qu'il jugeait déjà perdue avant même de l'avoir engagée et met par entêtement son point d'honneur à ne pas tenter sa chance.

Celui-là a au moins le mérite d'être conséquent, ce qu'on ne saurait dire d'un autre qui ne l'a pas plus tôt appelée de ses vœux qu'il répugne à la saisir.

L'inconséquence, notre maladie à tous, mais elle est aussi ce qui nous garde contre le sommeil de l'esprit. Ces forces vives perpétuellement en conflit dont aucune, pour bien faire, ne doit l'emporter sur les autres sinon elles s'endormiraient à nouveau, ces forces agissantes qui s'affrontent à armes égales entretiennent par leur division permanente une espèce de foyer remuant, de fermentation propre à stimuler l'esprit – échouerait-il à les soumettre au contrôle de la logique –, elles lui apportent en somme de quoi vivre et tant pis si c'est au détriment de la cohérence pourvu qu'elles répondent à une nécessité qui n'est peut-être que celle du moment, car nous avons parfois aussi besoin de repos – un repos réparateur à l'instar du sommeil nocturne, et qui ne soit pas une forme déguisée de la résignation où chacun n'a que trop tendance à s'installer, auquel cas elles interviendraient sans délai pour y mettre fin.

Au bout du compte, ces semeuses de trouble, ces reines de l'inconséquence exercent sur l'esprit une action salutaire ?

Pour autant qu'il aspire au repos suprême et qu'elles s'emploient à l'en détourner. Tout se passe comme si leur rôle était de relancer le jeu jusqu'à ce qu'il ait trouvé et su exploiter sa chance. En vérité, elles ne le malmènent si durement que par souci de son bien : elles veillent sur lui qui, loin de s'en réjouir, les enverrait volontiers au diable !

Et ce n'est pas la moindre de ses contradictions.

Il n'y a rien d'illogique à se dresser, au moins en intention, contre ce qui fait notre tourment, quand même par un mouvement inverse à première vue tout aussi absurde nous en attendrions le salut, et sans cesse cependant, telle est la contradiction, de rêver au confort d'une heureuse harmonie, mais d'y rêver seulement, tant l'esprit toujours sur la défensive est incapable de se satisfaire et de se reposer en rien, sauf jusqu'à un certain point dans la pensée parfois apaisante de la mort.

À partir de quoi il n'est aucun dévoiement de l'esprit qui ne trouve sa justification et son répondant verbal, le comble de l'absurdité étant plutôt de miser sur la chance dès lors qu'on la refuse au moment où elle se présente.

Mais s'est-elle déjà présentée ? Se présentera-t-elle jamais ?

En ce cas, comment vivre dans l'attente, une attente toujours déçue ?

Répondre à cette question serait avoir réponse à tout, autrement dit annuler la vie de l'esprit et du même coup ses contradictions douloureuses, connaître le bonheur d'un retour à l'animalité de la prime enfance, loin des spéculations sur l'avenir devenues désormais sans objet. Faute d'y parvenir, usant du privilège que la nature a accordé à notre espèce, nous rions – non pas en guise de réponse, mais pour désamorcer la question posée ici comme un obstacle propre à endiguer le mouvement fuyant des idées.

Il est douteux qu'acculé dans l'impasse où te conduisent tes vaticinations tu t'en sortes à si bon compte, et ce ne serait au mieux que pour faire entendre un rire sans gaieté, plus proche du grognement d'une bête aux abois.

Agiter ces questions dans le désordre et jusqu'à divaguer est une manière comme une autre de rire de la comédie qu'on se joue. Aussi faut-il se garder de prendre au pied.

de la lettre un discours décousu qui n'en règle aucune, ne débouche sur rien, dont on chercherait vainement quelle conclusion en tirer : il n'a de sens que dans la mesure où il se poursuit sans fin hors du droit chemin désigné par la raison, à savoir sur un sentier tortueux qui entraîne aussi loin que possible de la réponse. Quoi de plus comique que la stratégie dont use celui qui ne fait que donner de la voix pour brouiller le jeu et se soustraire à l'assaut des questions ?

Comique sans doute en ce qu'elle se révèle aussi dérisoire qu'un coup d'épée dans l'eau, car l'épreuve n'est que différée, jamais définitivement écartée, de quelque façon que tu t'y prennes pour varier ton système de défense.

Encore une fois, ici comme ailleurs, toute préoccupation de gain ou de perte étant accessoire, il suffit de jouer le jeu, et de le jouer sérieusement pour trouver motif à en rire.

Mais d'un rire de plus en plus jaune avec le temps qui, lui, ne joue pas en ta faveur. Mieux vaut suspendre ce débat mené en dépit du bon sens, sans préjuger de la suite à lui donner, sauf que ce n'est pas en faisant mine de radoter et de ricaner comme un vieillard qui a perdu la tête que tu esquiveras l'affrontement.

Le silence, si seulement le silence servait de refuge à qui en a rompu le vœu et presque oublié l'usage, mais il n'y peut plus accéder même par le détour des mots, de sorte qu'en désespoir de cause il a fait d'un échange à deux voix émanant de sa propre personne une parodie du dérèglement où le conduit son impuissance à raisonner juste comme à tenir sa langue. Cet appétit de silence désormais impossible à assouvir semble ne lui avoir été laissé qu'afin de lui faire expier l'erreur d'en être sorti, aggravée par celle de prétendre ensuite y rentrer impunément au gré de sa fantaisie. Condamné ainsi à enfiler des phrases, il en rit cependant pour marquer qu'il n'est pas dupe d'une rhétorique vicieuse qui reste sans effet sur l'orientation de sa vie.

Calmons donc le jeu en feignant de croire que ces voix toutes fictives harcèlent quelqu'un qui n'est lui-même qu'une fiction – une ombre sans identité aux prises avec des interlocuteurs invisibles.

Comment expliquer que le but auquel, faute de le connaître, on ne vise nullement soit à chaque pas comme s'il était déjà atteint sinon pour la raison que tout nouveau pas effectué risque d'être le dernier ?

Le pas ultime, le pas décisif que sitôt franchi il ne t'appartiendra plus de qualifier de la sorte, car jouerais-tu l'ignorance rien ne peut faire que le but dont chacun de tes pas te rapproche ait un nom précis comme le tranchant d'un couperet.

Fais en sorte que tout se passe dans un domaine où le hasard règne en souverain, ce qui ne veut pas dire que sa loi s'applique sans rigueur, laquelle doit avoir au contraire la dureté d'un diamant, mais aussi en chacun de ses décrets quelque chose de déplacé, comme un grain de folie. Il faut déstabiliser le mouvement, quitte à en rompre la continuité, découvrir l'imprévu pour le vivre dans tout son éclat – et ceci n'a rien à voir avec un quelconque précepte d'art poétique dont on sait bien que la poésie se moque : il s'agit seulement de se mettre en disposition mentale d'accueillir le tout-venant, de le faire servir en même temps de tremplin et de support à une aventure mythique où il retrouvera par le truchement de la langue sa verdeur première, c'est-à-dire son pouvoir de surprendre, car toute aventure, quelle qu'elle soit, demande à être vécue dans l'ignorance de l'enjeu, un allègre abandon au hasard qui assure seul le maintien de l'inattendu, la volonté ici ne comptant pour rien ou du moins n'intervenant qu'après coup par souci légitime d'unification.

T'embarrasser de richesses à n'en savoir que faire serait tomber bien en dessous de l'état d'indigence où, par orgueil, ton esprit s'était installé et complu si longtemps.

Restreins de plus en plus ton cercle, mais pas au point d'y étouffer ni de te refuser à en sortir le cas échéant.

Pour qui vit dans la conscience de son échec, le jour n'est pas près de venir où il pourra se dire avec une légitime fierté qu'il a fait ses preuves.

Et si, loin d'y prétendre, pareille visée ne lui inspirait qu'aversion ?

Comment la jugerait-il repoussante à moins d'en subir la fascination, ce qui le conduit, faute d'avoir eu la force de s'en détourner, à se laisser tout bonnement prendre au piège que lui tend la réussite, fût-ce en dernier recours sous la forme trompeuse de l'échec ? Cependant, nul n'est à l'abri d'une défaillance, encore moins responsable d'avoir, non pas réussi à échouer, mais tiré de son échec même, et sans arrière-pensée de réussite, les conditions propres à assurer celle-ci.

Ce qui serait échouer à sa manière puisqu'il entend se tenir en dehors de ces fausses catégories.

Si peu fausses que c'est sur l'une aux dépens de l'autre qu'il s'évertue bien en vain à régler sa vie.

Écarte d'une main ferme ce que tu ne sais que trop et donne-toi tout le temps comme si tu devais en disposer à l'infini, tiendrais-tu à juste titre les mots pour une denrée périssable de même que cette objurgation transcrite ici sous ma dictée pour un attrape-nigaud. Entretenir l'illusion qu'on a du temps à revendre est assurément une folie, mais mieux vaut se donner le change que gaspiller son énergie comme on joue son va-tout, encore que le plus à craindre ne soit pas tant le désordre auquel l'impatience peut conduire que l'état d'euphorie où l'esprit s'installe et se fige. Garde assez de forces en réserve pour ne céder ni à l'un ni à l'autre, au risque de paraître parcimonieux.

Ces éléments discontinus d'un ensemble lui-même voué par nature à l'inachèvement ne sauraient en bonne logique constituer un tout au sens propre du mot, tel est le problème insoluble.

Si tu as pleinement conscience de l'inanité de tes efforts en vue de le résoudre, il te faut y renoncer et même, au lieu de le déplorer, t'en réjouir puisque aussi bien cela t'épargne la peine d'avoir à rechercher ce qui non seulement ne s'acquiert pas mais échappe au champ étroit de la vision, dont rien cependant ne t'interdit d'espérer qu'il te sera donné par surcroît, et pour ainsi dire à ton insu. Va de l'avant sans te soucier du lendemain comme le nomade qui ne voit pas plus loin que le bout de ses semelles. Que gagnerais-tu à savoir où te mènent les tiennes ?

Un tant soit peu d'organisation méthodique dans la poursuite du parcours, la possibilité d'en évaluer la progression et d'en prévoir la fin.

Toutes choses exclues, c'est perdre ton temps que d'y rêver.

Comme si l'employer pour s'étourdir n'était pas le perdre !

Que tu ne cesses de regimber à l'ouvrage, d'en dénoncer la vanité, plus furieusement encore de le maudire, sans pour autant déclarer forfait, n'est-ce pas la preuve que l'espoir ne t'a pas quitté de lui découvrir un sens une fois qu'il aura été dûment accompli ?

Et s'il restait à jamais en suspens ?

Sauf en cas d'hostilité déclarée à son accomplissement, il prendrait alors le sens par trop pathétique de ce que seules la maladie ou la mort n'ont pas permis de mener à bonne fin.

Il en sera donc ainsi mais, pour le déplorer de nouveau, sans que la question essentielle qui se pose à chaque étape du parcours ait été résolue.

Aurais-tu la vie tout entière devant toi qu'elle ne le serait pas davantage. Entretenir une telle utopie est manquer à la vérité d'un mouvement dont le principe demeure si obscur, l'objet si incertain qu'il ne doit s'embarrasser, tant qu'il est en cours, d'aucun souci de justification.

Ni par conséquent d'aucune de ces dures contraintes qu'exige le désir de maîtrise.

Reconnais-le honnêtement, ce désir aussi t'habite que tu ruinerais en te libérant de toute servitude contraignante laquelle, il est vrai, ne suffit pas à l'assouvir, car tenter l'impossible, aspirer par une étrange passion à réaliser l'irréalisable veut dire vivre dans l'insatisfaction que donne le sentiment aigu de ses limites, c'en est même l'état naturel et comme la monnaie courante, et voilà pourquoi la question du sens reste ouverte, qui dans ton cas ne recevra peut-être jamais de réponse, à moins que surgissent au moment le plus imprévisible les conditions favorables à un dénouement dont la nécessité se ferait si impérieuse qu'il apporterait avec lui la réponse attendue sans que tu aies eu à y suppléer par quelque artificieux procédé.

Moment improbable plus encore qu'imprévisible !

189

L'un et l'autre à la fois. Dès lors que tu ne cesses malgré tout d'en espérer la venue, comprends enfin que celle-ci ne dépend pas de tes efforts personnels pour la susciter mais du don qu'accorde parfois généreusement le hasard et qu'on nomme la chance, dût-elle se faire longtemps attendre.

Ou, comme il est à craindre, ne se produise jamais.

Autant de voix discordantes qui ne s'accordent que pour séduire, semer la confusion, multiplier les entraves, mais fastidieuses à la longue comme une discussion qui s'éternise et se perd dans les sables.

Stratagèmes, ruses cousues de fil blanc, jongleries mentales auxquelles se livrerait un reclus en guise de passe-temps par le fait justement que, coupé du dehors, il n'a qu'un sens obscur du temps, qu'il en a presque perdu la notion.

Appels à la prudence, sages avertissements qu'on feint de se donner à soi-même pour se faire croire qu'on a gardé la tête froide quand il n'y a en elle qu'effervescence, désordre et désarroi.

Que jamais la voix de l'enfant en lui ne se taise, qu'elle tombe comme un don du ciel offrant aux mots desséchés l'éclat de son rire, le sel de ses larmes, sa toute-puissante sauvagerie.

AU PLUS LOIN DE LA QUESTION

Se taire, non, il n'en avait plus les moyens, même s'il connut un tremblement de haine et d'effroi à entendre sa voix remonter de l'abîme où il croyait l'avoir à tout jamais précipitée et perdue. Non, il n'était déjà plus de force à lui résister : évanouie seulement, voilée peut-être, mais encore là, insistante, inébranlable, comme pour le prendre en défaut de vigilance et le rejeter dans un nouveau tourment.

Avoir faim et froid pour s'être coupé de ses ressources, un moyen comme un autre, et moins brutal, à condition de ne pas tirer orgueil de ce dénuement voulu qui n'est en vérité qu'un piètre compromis.

Rien de commun avec la neutralisation du joueur mis sur la touche : refuser de jouer, c'est encore jouer – jouer à ne plus jouer, et de ce renoncement même faire la règle d'un nouveau jeu auquel nul ne gagne qu'en résignant ses chances.

Viennent après s'être longtemps fait attendre les accalmies plus mal endurées que la souffrance dont elles sont de sournoises alliées.

Il reste que cette volonté de renoncement, pour être le contraire d'un jeu, se lie à l'espoir inavoué de sauver la mise. Tant d'énergie dépensée à se mutiler évite de tomber dans l'hébétude, de même que le désespoir le plus insoutenable s'ouvre au rêve apaisant d'une échéance anticipée de la mort, et c'est l'échappatoire, la remise à plus tard où s'alimente cette incurable mauvaise foi sans laquelle il n'y aurait pas de vie respirable.

Il ne pouvait se tirer d'affaire qu'en tentant l'impossible, quitte à échouer sur toute la ligne, mais que le possible même lui soit devenu impossible et le voilà comme ramené à son point de départ, sauf que cette fois il n'en bougera plus, considérant peut-être, non sans ironie, que cette absence de possibilité est le but et le couronnement de ses efforts infructueux pour en venir par d'autres voies à une dépossession absolue.

En deçà des claires provinces de l'enfance, il n'a plus d'entente avec celui qu'il fut. Faire désormais retour au passé est comme arpenter un souterrain aveugle, aller où vont tous les hommes, à leur tombe.

Ne rien laisser de soi sur terre, tout au plus quelques traces d'on ne saurait qui. Vœu émis quand l'orgueil, et non la sagesse, est à son apogée. Il s'y mêle l'arrière-pensée que de ces traces subsistera celle encore bien visible de leur effacement, que la vacance n'est pas moins repérable ni parlante que les vestiges d'un monument en ruine. Vœu fondé sur le principe que rien ne naît qui ne doive mourir, mais équivoque en ce qu'il se révèle à l'épreuve des faits sous son vrai jour : une déclaration d'intentions sans conséquence.

Les erreurs par lesquelles doit en passer l'esprit pour approcher de la vérité, il serait faux de n'en retenir après coup que les effets néfastes, injuste de les porter à son débit comme s'il ne s'en était pas déjà acquitté, et au prix fort, celui de la croyance en sa faculté de discernement. De là qu'hésitant sur l'itinéraire à suivre, il attend une éclaircie pour s'engager plus avant, au risque de ne la voir venir qu'en dernière heure quand il n'aura plus le temps ni la force de l'utiliser à son profit. Mais sait-on si la bonne voie n'est pas plutôt la voie de l'ignorance, celle tout enveloppée de ténèbres où on ne s'aventure qu'à tâtons jusqu'au seuil, fût-il infranchissable, d'une terre d'élection dont la seule vue réconforte le cœur, galvanise l'esprit qui, brûlant d'y pénétrer pour en faire son séjour, s'entête à le

195

tenter, comme un enfant à obtenir la faveur qu'on lui refuse. Du désir que son inassouvissement aiguise et empêche de retomber ne dirait-on pas alors qu'il tire de cette impuissance même son pouvoir de durer ?

Maintenant que les proches amis ont quitté les planches, qu'au soir de sa vie il s'apprête à leur emboîter le pas, le monde n'est désormais qu'un théâtre d'ombres où lui-même joue d'ores et déjà son rôle de fantôme, comme impatient de figurer avant l'heure parmi ceux dont il n'est parlé qu'au passé, le temps que les générations montantes viennent leur donner le coup de grâce – l'anonymat ancestral, le grand silence de l'oubli.

Il se peut que l'existence, même pour ceux qui affectent de la parcourir d'un pas résolu, ne soit qu'un labyrinthe où tout un chacun tourne en rond à la recherche d'une introuvable sortie, et il y en a une assurément, mais c'est se jeter dans les bras de la mort comme une mouche prise au piège de la toile d'araignée.

L'opiniâtreté, un masque impavide derrière lequel se dissimulent les contorsions de l'esprit impuissant à s'ouvrir une issue.

Toute affirmation apporte avec elle sa réfutation. Sitôt énoncée, on cesse de la tenir pour une vérité incontestable, mais sans avoir à se déjuger tant sa remise en cause paraît aller de soi. Est-ce là une bonne chose ? Qui l'affirmerait aurait également maintes raisons d'en douter.

S'il se pouvait que le paysage mental fût tout en surface, sans aspérité ni profondeur, il aurait moins d'attrait, sauf qu'on y séjournerait plus volontiers, ce qui n'est pas le cas de ceux parcourus à grand-peine comme par un fuyard affolé butant hors d'haleine sur chaque obstacle.

En plaine, la régularité lente et paisible des eaux fluviales qui s'accorde à la plantureuse platitude des prairies riveraines, un repos pour l'œil, une leçon de tempérance peut-être, quoique l'esprit impatient n'en veuille rien retenir, la seule contemplation propre à l'inspirer étant celle d'une nature océane ou sylvestre en proie aux éléments déchaînés sous une armada de nuages plombés qui filent très bas à vive allure, avec, par intermittence, le claquement des décharges célestes éclaboussant de blancheur le décor alentour auquel elles donnent, le temps d'un clin d'œil, l'aspect d'un champ de bataille. Illustration par trop allégorique sans doute des tempêtes du cœur opposées et préférées au cours égal d'une existence, aux sages conseils de la raison.

Tout au long de l'existence se poursuit la lutte entre lumière et ténèbres, sans victoire d'un côté ni défaite de l'autre, rien pour finir que le plus rien à jamais de la sentence si fort redoutée.

Épitaphe. – Celui qu'on dit gisant là-dessous, ce n'est pas avec des mots mais avec leur perte qu'il eût voulu se tenir dans l'attente de l'échéance fatale. Or, comme pour tout un chacun, non moins difficile que de vivre en repos est d'apprendre à mourir, lamentations, rages, cris d'effroi furent jusqu'au dernier souffle son lot quotidien.

Dos voûté, mains jointes sur sa canne, ne prêtant qu'une attention polie à la société qui l'entoure, ainsi saisi à son insu et fixé par l'objectif, il est comme la réplique noir sur blanc du père en sa dernière année. Phénomène d'auto-identification presque insoutenable, image morti-fère à écarter au plus vite de sa vue.

Mettre le point final à l'inachevable n'est pas affaire de volonté, mais fonction dévolue à la mort, et peu importe le moment où elle viendra l'exercer, encore que par sures-timation de ses forces disponibles nul n'en veuille conve-nir.

L'esprit de persévérance se fonde sur le principe d'in-certitude, du tout est aussi bien possible qu'impossible à qui recherche sans relâche un point d'équilibre, alors même qu'au moment de l'atteindre il y voit comme son arrêt de mort, et recule saisi d'effroi, mais pour n'en reve-nir que plus furieusement à la charge avec la ténacité d'un apprenti funambule s'exerçant à évoluer sur la corde raide, dans l'idée fermement arrêtée que, malgré le peu de progrès accompli, se mesurer au risque est facteur de sta-bilité, sinon d'une durable maîtrise, car nul ne saurait arguer de performances sans lendemain pour y prétendre, tout au plus rêver qu'à force d'entraînement, et compte non tenu du temps limité dont chacun dispose, il finira par l'acquérir.

Soutenir que pour résoudre un problème il suffit d'en comprendre l'énoncé n'est pas plus sérieux que faire d'un savoir préalable la condition *sine qua non* de l'action à mener, laquelle en bien des cas ne devient intelligible qu'une fois accomplie, de même que c'est avec le concours du temps qu'on en pourra seulement mesurer les effets, selon qu'ils auront été bénéfiques ou pernicieux.

L'enfant en lui et celle veillant à ses côtés tiennent le même langage : « Refuse ce qui n'est bon qu'à te pervertir, refuse-le d'instinct, sans examen, irrévocablement ! »
Le fait est que la tentation d'accepter, fût-ce du bout

des lèvres, précède et ajourne la détermination prise en dernier ressort d'y renoncer. Mais aussi bien peut-on consentir par désintérêt de soi, lassitude, indifférence à la perte de son intégrité – comme si celle-ci n'était que de façade –, ou encore par plaisir de se parjurer en disant oui à l'inacceptable. Un plaisir innocent qu'on s'accorderait sur le tard, lequel serait moins signe de sénescence que de railleuse désinvolture à l'égard d'une règle de conduite jusqu'ici scrupuleusement observée, mais non pas irréprochable en ce que, sous l'habit austère de la rigueur morale, se cache le souci d'une attitude : noblesse, pureté, modestie, ces fruits douteux de l'orgueil.

« Refuse, refuse ! » lui murmurent ces deux voix avec une égale insistance qui, sans avoir la brutalité d'une injonction, l'ébranle et le conduit à sortir de son irrésolution, toute affaire cessante, peu importe si ce devait être inconsidérément pourvu que la question soit tranchée.

Se croire à deux doigts de toucher le but pour aussitôt découvrir, non pas qu'on s'en trouve encore infiniment éloigné ni qu'il est à jamais hors de portée, mais qu'il n'y a rien de tel qui puisse à la rigueur en tenir lieu. Malgré quoi on persiste à utiliser les moyens du bord dans l'illusion que chaque étape franchie est autant de gagné.

Remplir son contrat coûte que coûte est la juste sanction endurée par qui n'a pas su le rompre à temps.

Qu'au lieu d'être poussé par ses actes on se perde en rêveries sur la forme à leur donner est le signe alarmant d'une impuissance à reprendre pied dans la vie. Pour se frayer une voie vers une quelconque issue, sans doute en faut-il passer par là, non pas rêver sur place, mais s'employer laborieusement à renverser les obstacles. Besogne d'autant plus rebutante qu'à peine se figure-t-on l'avoir accomplie viennent se dresser au travers du chemin de nouvelles forces d'obstruction, qu'elle est donc toujours à refaire, et que, las de voir ses efforts si mal payés, on se trouve sans cesse sur le point de lâcher prise, la décision étant toutefois sans cesse différée, pareille expectative maintenue comme à dessein pour servir d'alibi à l'incapacité de s'attaquer au véritable problème qui n'aurait chance de se résoudre que si on était à même de donner autrement qu'en projet à tout cet afflux d'éléments divers répartis dans le temps une structure comparable à celle d'un organisme vivant et, sans forcer la note, sa pleine résonance émotive.

Faire en sorte que la voix sonne gaiement, le discours tenu serait-il le lamento d'un vieillard sentencieux s'acheminant vers sa fin.

La nuit parfois une voix chante qui s'éteint au réveil, mais non pas le souvenir de sa souveraine beauté, ni le désir de la faire sienne pour l'entendre tout autrement qu'en rêve et, s'il se pouvait, lui donner par la clarté de l'expression valeur communicative, sauf que l'enfermer dans le domaine étroitement circonscrit des mots serait en affaiblir le pouvoir magique, sinon le ruiner.

Prétention exorbitante que chercher à capter et s'approprier l'insaisissable : telle est cependant la mission dévolue aux intrépides chevaliers du langage que, loin de rebuter, aiguillonne la conscience de ses limites et jusqu'à ses défaillances qui en soulignent d'un trait si net la nature immanente qu'à moins d'être aveugle ou de se vouloir tel, nul ne peut espérer par sa pratique assidue se défendre contre la mort, bien que chez l'être le plus clairvoyant perdure le désir jamais assouvi d'une transcendance, autre chimère de l'orgueil.

Prendre congé de soi-même est chose aussi irréalisable que fausser compagnie à un opportun qui ne vous lâche pas d'une semelle et dont il faut subir passivement le verbiage, non toutefois sans impatience, mais une impatience rentrée, la rupture libératrice apparaissant si fort au-dessus de notre pouvoir d'exécution que, dans l'un et l'autre cas, nous devons nous contenter d'en agiter l'idée.

202

Folie de parcourir sans dételer ces régions inhospitalières où les sources pour étancher la soif se font de plus en plus rares, si lointaines déjà les heures de communion amicale que le reniement, la trahison ou la mort a brisée.

Itinérant coureur de chimères, mais fidèle à son engagement il n'y renoncera qu'en s'effondrant sous les coups du grand âge.

Loin d'ici où on le voit errer, très loin là-bas est son but, si infiniment loin qu'il doute de l'efficacité des moyens à mettre en œuvre pour y accéder – toute l'épaisseur du doute obscurcissant le chemin, rendant chaque pas plus incertain et comme infranchissable la distance qui l'en sépare. Mais parler de distance est inadéquat dès lors qu'il n'a de l'objectif à atteindre aucune notion précise, qu'il en ignore le lieu et jusqu'au nom. Ou faut-il y voir l'expression d'un désappointement semblable à celui qu'on éprouve quand on croit tenir enfin la proie convoitée et qu'elle nous file entre les doigts ? Un vide plutôt, un vide vertigineux tel qu'on n'en peut toucher le fond, ni moins encore le combler. Qu'il s'y emploie avec un zèle opiniâtre ne met que plus comiquement en évidence l'inanité de ses tentatives dont il reste toutefois assez conscient pour les relater çà et là sur le mode ironique, preuve que l'esprit ne se laisse pas abuser par sa volonté d'aboutir et que, s'il y persiste, c'est comme on se fait un devoir de jouer sans désemparer une partie déjà perdue.

Premier éclat de lucidité : le cri perçant du tout nou-veau-né arraché au rien pour vivre dans le non-savoir et la peur de ce rien où il sera tôt ou tard rejeté sans ménagement comme un propre à rien.

En lui le travail conjugué de la mémoire et du langage fait de chaque instant, fût-il revécu au coefficient le plus élevé, l'instant où la vie va le quitter, ce pour quoi il n'en voudrait retenir désormais aucun. Souhait aberrant – comme si l'amnésie n'était pas justement l'apanage de la mort, encore qu'une hypermnésie galopante en soit, dit-on, le signe avant-coureur.

Pour qui y trouve son plaisir, une écoute et une vision contemplatives vont de soi tout autant que n'importe quelle activité productrice. D'où vient alors qu'il ne consente à s'accorder aucun répit dans cette poursuite fébrile qui ne laisse aucune place à la possibilité de s'abandonner au bonheur du moment ? Pourquoi s'exténuer à chercher au-delà d'un présent qui, s'il ne le comble qu'imparfaitement, du moins est là dans sa réalité vivante et lui appartient tout entier ? Pourquoi enfin, et c'est de beaucoup l'attitude la plus déraisonnable, pourquoi cet entêtement maniaque à miser sur le même chiffre qui, par une

204

fatalité qu'on appelle aussi malchance, s'avère à tous les coups perdant ?

Autant vouloir percer le mystère de la fascination exercée par le jeu sur celui qu'elle entraîne vers sa ruine et conduit, ce faisant, à sacrifier tout le reste. Passion aveugle assurément comme elles le sont toutes, encore faudrait-il qu'elle ne retombe pas en cendres avant d'avoir atteint son objet qui est de ne s'en approprier aucun, de brûler à l'infini et en quelque sorte pour rien.

Mal se poser la question, une ruse pour se mettre dans l'incapacité d'y répondre.

Qui sait si, contraint, le jour venu, de laisser en chantier derrière lui ce qu'il avait rêvé d'édifier par le langage, il n'éprouvera pas quelque chose qu'on pourrait appeler sans jeu de mots et en exagérant à peine la satisfaction du devoir inaccompli ?

... comme une bête hurlant sa détresse dans la solitude des bois et tendant l'oreille aux échos de ses propres appels qui lui apportent le réconfort d'un échange tout illusoire avec un lointain congénère.

Cette figure métaphorique un tant soit peu forcée signifie qu'à défaut de prendre sa voix pour celle d'un autre on s'abandonnerait dans la déréliction la plus entière au vertige de la mort.

Les épines de l'erreur auxquelles se déchire l'esprit égaré dans la nuit la plus noire.

Fausser compagnie au monde discoureur, s'en tenir résolument à l'écart, ne plus rien laisser sortir de sa bouche, rien ni merci ni adieu, ce côté somme toute attrayant de la mort, on ne saurait de son vivant le mimer sans manquer au code de la bienséance qui exige le maintien de la communication verbale là même où elle ne s'établit que sur la base d'une fausse entente n'engageant l'être qu'en surface. Pire encore, s'enfermer dans un mutisme anticipé n'est jamais que se duper soi-même – duperie non exempte de roublardise quand, par répugnance à admettre que la parole nous a été retirée, nous laissons s'accréditer l'opinion erronée selon laquelle c'est pour quelque autre et plus noble motif que nous nous abstenons d'en user, ce qui revient à nous enfermer dans le piège de notre propre mensonge. Qu'on se taise faute de savoir que dire ou qu'on prenne la parole faute de pouvoir se taire, c'est du pareil au même : anorexie et boulimie langagière, deux symptômes d'un mal identique conditionné par une aveugle crédulité. À faire ostentation de son refus des phrases avilissantes, on croit naïvement s'en affranchir et marquer sa différence, alors qu'il ne faut voir en ce refus qu'un besoin d'expression mal assouvi et qu'on n'en resterait pas moins soumis à la juridiction du langage pour s'en être interdit l'emploi.

À tout âge le cœur reste le plus remuant organe de l'être. Puisse-t-il comme en sa jeune saison s'enfiévrer d'orgueil, de rage ou d'amour jusqu'au dernier battement.

S'imposer silence par dévotion au langage, c'est aussi comme sous-entendre que les mots sont facteurs de dévoiement.

Idolâtrie et défiance, ces deux ennemis inconciliables, s'accordent pour créer un état d'instabilité auquel l'être, faute d'option décisive, ne remédie que dans les rares moments où, sans se laisser distraire par rien, il conjugue toutes ses forces en vue d'atteindre un seul et même objectif, fût-il imaginaire. Louée en ce cas plutôt que dénoncée devrait être l'illusion qui permet à chacun de retrouver son aplomb si ce n'est qu'au plus fort de la confiance reconquise, un sombre appétit de destruction le ramène brutalement au plus bas.

Qu'avoir beaucoup à dire et n'avoir rien à dire n'aillent pas l'un sans l'autre est une singularité de notre nature qu'on a vite fait, et bien à tort, de tenir pour une contradiction, et quand même c'en serait une, comment l'éviter, que serions-nous sans elle qui nous met en demeure de choisir entre deux maux, le pire étant paradoxalement celui pour lequel on a fini par opter, soit qu'estimant n'avoir rien à dire on n'en parle que davantage, soit qu'on y renonce à regret avec le sentiment peut-être illusoire d'en avoir long à dire sur toute chose. Dans les deux cas où les rapports s'inversent, c'est la même insatisfaction doulou-reuse. Un tel choix a si peu la fermeté d'une décision irrévocable qu'il se porte tour à tour vers ces résolutions extrêmes qui semblent n'en faire qu'une, s'abandonner aux mots ou s'abstenir d'en user relevant d'une semblable inaptitude à les dominer – sans compter que la vie nous enseigne qu'il y a plus de mal que de bien à en attendre. Mais pareillement, qu'on parle à l'excès pour les tourner en dérision ou qu'on se taise par défiance, c'est comme se laisser mourir de soif dans la solitude d'un désert. De là que nous aspirons à sortir de ce dilemme en empruntant une troisième voie où, à supposer qu'elle nous fût ouverte, se trouverait résolue par miracle l'opération difficile entre toutes – car nulle part n'en existe le mode d'emploi – de faire passer dans les mots la sève fertilisante sans laquelle ils ne sont que du bois mort.

La joie d'être seul à nager de l'un à l'autre bord de l'étier survolé par les mouettes qui remontent avec la mer dans la brume lumineuse de l'aurore, celle de courir ensuite pieds nus sur le sable frais au plus près du rivage qu'entament les vagues de toute leur vigueur fracassante, la volupté de sentir un instant son propre souffle s'accorder aux cadences de la nature et, tête la première, bras grands ouverts, s'y fondre en une charnelle étreinte. C'est au petit matin d'un jour d'été le bonheur animal de l'enfance, sa fougue retrouvée, le bienfait du sel sur la peau rougie par les claques de la houle. Tonique hydrothérapie, bain de jouvence pour le vieux crabe qui, rejeté sur la grève, n'y avance pas moins tout de guingois, en claudiquant et grimaçant à chaque pas.

À LA DÉRIVE

Là où la fiction se substitue au réel, le climat devient moins pesant, la vision plus large, l'être y respire enfin dans son élément et retrouve sans effort une liberté de mouvement qui le porte, se jouant des contraintes, au sommet de ses capacités inventives, sources elles-mêmes de vérité, pour autant que par une sorte de transmutation il fait de l'imaginaire son domaine inaliénable.

Que telle formulation d'une pensée venue à l'esprit ne soit en fait qu'un jeu de mots, est-ce une raison pour la juger de faible portée quand, près d'une fois sur deux, le maniement du langage, qui révèle notre nature profonde, répond au besoin ludique survivant à l'enfance ?

Que telle autre, tenue à juste titre pour indigente, apporte un secours dans le désarroi, ne fût-ce que le temps de son énonciation, on se gardera par gratitude de la biffer au nom de la rigueur.

Loin de rompre le lien qui nous rattache au mensonge, affecter de n'être dupe de rien, jouer la carte truquée de la lucidité est une double imposture en ce qu'on la fait passer et la prend soi-même pour une opération démystifiante. C'est perdre le bénéfice de l'illusion sans obtenir de gain en compensation.

Vivre au jour le jour dans l'attente de ce qui ne vient jamais et en faire par-dessus le marché toute une histoire est comme livrer des armes à son pire ennemi pour se les voir aussitôt retourner contre soi.

Là où manquent les moyens d'expression ne bat que d'une aile la mémoire atrophiée.

Dès lors que tout point d'appui fait défaut, c'est sur le terrain vague de l'approximation qu'on cherche sa voie, la nécessité y conduit, le prix à payer étant un certain décousu, un manque de cohésion dû à la hâte autant qu'à une négligence formelle délibérément acceptée. Le refus de se laisser enfermer dans la logique d'un discours y est bien pour quelque chose, mais aussi la difficulté de mettre en mots et en place ce qui ne fait retour à la vie que dans la plus extrême confusion.

Qu'explose à neuf sous la pression irrésistible des mots toute la lumière de la vie présente et passée comme une moisson en germe va proliférant à travers champ pour y déployer, l'été venu, son opulente chape d'or qui fait glorieusement face et concurrence au soleil.

La situation se dégrade à partir du moment où ce qu'on tenait pour provisoire persiste et s'installe. Plus de ces envolées propres à la jeunesse ni aucune perspective de renouveau. Au cycle qui semblait pourtant en voie d'achèvement il manquera toujours un point d'arrivée, mais non pas le point final que chacun met en perdant la vie, et c'est celui-là contre lequel s'insurge l'esprit, garderait-il assez de clairvoyance pour juger risiblement inopérante son attitude protestataire.

Le visage des amis, s'ils illuminent la mémoire, se défendent en revanche contre toute appropriation langagière, jetant ainsi le trouble sur la légitimité d'une entreprise d'autant plus suspecte qu'elle est déjà pour une large part déficitaire.

À qui lui demande où il va, il ne peut que répondre : *au plus loin de votre question*, ce qui sans être en vérité une réponse, n'est pas à prendre pour une boutade, mais très au sérieux. Accélérer le mouvement afin de se mettre à distance des problèmes qu'il soulève, tel devrait être en bonne stratégie son premier objectif, si seulement il avait la force de ne s'en laisser jamais détourner par ce déferlement d'interrogations obnubilantes qui viennent à plaisir freiner son élan. Que faire contre elles sinon les prendre de vitesse ? Encore faudrait-il une source d'énergie peu commune pour alimenter cette vertigineuse course en avant et d'où pourrait-elle jaillir ? Autre question embarrassante. N'était donc que vantardise la réponse à la précédente qu'en toute modestie il eût mieux valu formuler de la sorte : *qui peut le dire en sait plus long que moi.*

Plutôt cent fois la redite que le retour au mutisme, telle pourrait être la devise de ces enragés du verbe pour qui se taire serait comme cesser de respirer, convaincus ou cherchant à se faire accroire que l'usage des mots, et aussi bien leur mésusage, les maintiennent en vie.

Attendre de la mort seule qu'elle vienne mettre fin à l'hémorragie verbale qui la précède de peu est par quelque côté se la rendre désirable, surmonter l'aversion qu'elle inspire, à défaut d'en alléger l'épreuve ou d'en retarder l'échéance.

Nous autres dont la hantise d'une fin toute proche limite et obscurcit le champ de notre vision, gardons-nous de jouer les Cassandre, sans pour autant faire confiance à l'avenir en ne retenant du monde, à la veille de le quitter, que ce qui en lui échappe pour un temps au désastre. Le propre de l'inconnaissable, et sa vertu, est de ne pas donner prise aux spéculations anticipatrices, de les rendre toutes également oiseuses, fussent-elles fondées sur une expérience tirée d'événements qui obsèdent et meurtrissent notre mémoire, mais dont rien ne certifie qu'ils vont se reproduire, non plus qu'à l'inverse les générations ultérieures n'auront pas à en vivre de semblables, si ce n'est même sous une forme aggravée.

Ni extralucides ni myopes, évitons de nous répandre en jérémiades sur l'état calamiteux du monde ou de le créditer d'une capacité inépuisable de renouvellement, encore qu'à l'évidence, pour tous autant que nous sommes, et depuis la nuit des temps, le pire soit toujours sûr, qu'il n'y ait de parcours qui ne s'achève avec la brutalité d'une exécution pure et simple, bandeau sur les yeux, poings liés, bâillon sur la bouche, dos au mur sans échappée possible, les ultimes secondes vécues dans l'attente angoissée que la mort fasse proprement son ouvrage. (Il se peut qu'alors le « tout plutôt qu'un surcroît de souffrance » se substitue à l'effroi de la fin imminente, ou du moins en atténue l'horreur – ce désir anxieux de succomber sur-le-champ n'étant évocable, faut-il le préciser, que si on y a survécu par un coup de chance inespéré, quitte à s'en égayer comme d'une bonne plaisanterie du sort.)

Que la vie est belle, est belle ! refrain carillonnant d'une chanson au réalisme des plus noirs.

Reconnaître qu'on ne viendra jamais à bout de sa tâche incite contre toute logique à s'y remettre de plus belle, au point que c'est à se demander si celui qui s'y livre et qu'elle maintient sans cesse en haleine ne la qualifie d'insurmontable que comme on parie superstitieusement sur le pire pour obtenir le meilleur.

L'unité dans la diversité, heureux produit de l'insouciance en ce qu'il ne s'obtient que si, loin d'y viser, on a la sagesse de s'en désintéresser.

Le temps passé n'est source de vie que pour qui le revit au présent en un jaillissement lumineux, une fulgurante épiphanie, sinon qu'un tas d'ordures à jeter dans la fosse de l'oubli.

Où puiser la force nécessaire à la recherche de ce qui n'a d'existence que par défaut et n'exerce sur lui un tel pouvoir d'emprise qu'en raison de son inaptitude à le définir tout autant qu'à y accéder ? Une recherche que n'anime aucun espoir et qui ne saurait apporter de certitude ni se fonder sur aucune, en quoi sans doute ce terme de recherche est impropre.

N'ayant en sa possession que la vieille arme ébréchée du langage, et c'est trop peu pour se défendre, il prête le flanc à tous les coups de l'ennemi. Autant de mots par lesquels il cherche moins à survivre qu'à faire front en un suprême acte de défi contre les arguments de la raison, ses invites pressantes à retourner au silence.

Non, réplique l'être insoumis, non, pas avant que le verdict ne soit rendu et, ce disant, le voilà qui fléchit, tout au bord de sombrer dans le mauvais sommeil du désœuvrement, mais nullement résolu à s'y maintenir, lui serait-il imposé, en fin de parcours, par l'infirmité du corps, le gel de l'esprit, ce long hiver à vivre au ralenti dans l'attente, jour après jour, d'un improbable réveil printanier.

Vouloir se débarrasser de soi n'est pas moins présomptueux que chercher par l'exercice du langage à s'en faire une idée claire. Disparition, élucidation, projets pareillement inexécutables, chimères de l'esprit en quête d'absolu, mais plus puissant est l'instinct de vie qui en dénonce la vanité et conduit à les abandonner l'une après l'autre. Qu'apporterait de positif la connaissance d'un moi assez insensé pour avoir cru un moment s'effacer à volonté, tout divorce consommé avec l'organisme physique maintenu quant à lui en fonction ? C'eût été faire violence à la nature humaine et sans y réussir, car elle ne se laisse pas ainsi amputer, de même qu'elle résiste par sa mystérieuse opacité aux tentatives d'investigation. On aurait beau user des moyens les plus ingénieux soit pour abolir le sujet soit pour l'explorer à fond qu'il demeurerait dans un cas aussi tenace qu'une mauvaise herbe, dans l'autre aussi impénétrable que la brousse, ces deux postulations contraires – se perdre, se connaître tout entier – n'étant pas de celles qui offrent une possibilité d'émancipation par le vide ni d'entente avec soi par l'acquisition d'un savoir élargi, plus propre à encombrer l'esprit qu'à l'enrichir, à le désorienter qu'à le guider dans la recherche de son unité.

Se méprend du tout au tout quiconque fait vœu de taciturnité dans l'espoir d'y trouver un apaisement. Passer des jours et des jours à se taire ne délivre pas de la malédiction de la parole, c'est au contraire la subir avec un surcroît de douleur.

Cette voix que fausse l'excès de son débit, cette maudite voix contre laquelle on peste : en voilà plus qu'assez ! Quand donc te tairas-tu enfin !

Intolérance qui a cependant sa contrepartie d'assentiment : jamais assez de phrases ! par où il faut entendre :

218

que deviendrait-on sans elles, que gagnerait-on à les modérer ?

Sans doute eût-il fallu, pour garder en soi un fond de gaieté, ne rien voir du monde ni entendre qui vienne de son versant le plus sombre, rien que les éclaircies au sommet et la musique parfois d'une ineffable beauté, mais c'est là encore rêver tout haut, car croirait-on avoir occulté l'innommable qu'il bondirait hors de l'ombre pour rentrer le rire dans la gorge.

De plus en plus fréquents à l'approche de la fin ces mauvais rêves où l'angoisse paralyse les membres et dont un réveil tout en eau, le cœur battant la breloque, ne libère pas d'emblée ni pleinement comme au temps de l'enfance, encore que c'en soit pour ainsi dire le retour, mais sous une forme qu'alourdit le ralentissement des facultés récupératrices, symptôme d'incurable déclin.

Que survienne la chance à l'heure où on ne l'attendait plus et tout serait à nouveau possible, mais il est un âge où, sauf à surévaluer ses promesses de durée, on ne mise sur elle que par habitude, présumant qu'il n'y aura pas assez de lendemains pour l'exploiter, et en aurait-on une infinité devant soi, croire qu'avec l'expérience acquise on saurait mieux en tirer parti est ne pas tenir compte des échecs passés ou sinon, d'une manière plus retorse, laisser entendre qu'au cas où se produirait l'imprévisible coup du destin, à lui seul cette fois devrait être imputé le défaut d'exécution.

Le vieil homme comme reclus entre quatre murs. Pour l'enfant qu'il voit devant lui tout bondissant de vie, ce même espace semble s'ouvrir à perte de vue.

Il suffit de garder les yeux grands ouverts pour céder à la magie des images, enrichir son maigre savoir avec l'avidité d'une abeille volant de fleur en fleur, sinon cette industrieuse et délicate précision de la fée aérienne qui semble n'y toucher qu'à peine, car nous autres créatures aptères, comment nous affranchir de notre lourde nature ?

... comme un insensé se jette à l'eau pour éviter la pluie. Un insensé ? Voilà qui semble bien vite dit, aller au-devant du pire par une décision personnelle plutôt que d'avoir à le subir passivement n'étant en rien déraisonnable, même si ce côté gribouille – se mettre en sûreté dans la gueule du loup – prête à raillerie, qui n'est au reste le plus souvent que jouer à se faire peur tel un enfant pour éprouver son courage ou conjurer le danger.

220

L'aventurier ne s'assigne aucun but qu'il ne brûle de dépasser. Plus d'un, endiablé par cet appétit d'annexion qui est sans bornes, courent à leur perte, et les prudents de même, sauf qu'ils s'y acheminent le dos courbé et, comme pour tromper le destin, se gardent de toute manifestation intempestive.

La plupart des amitiés d'enfance débutent par un serment de fidélité et s'effilochent très tôt par tacite désaffection : ainsi des projets d'avenir restés sans lendemain à l'âge où le vent de la conquête a cessé de nous porter.

Le doute est toujours là comme un oiseau moqueur qui nous siffle aux oreilles. Il se joue de toute pensée, en dénonce l'insuffisance, noie le désir dans un ricanement ravageur, lequel n'en a pas moins la vertu d'un avertissement charitable.

Pour qui s'absorbe dans la contemplation de son propre vide, les mots sont autant de facteurs de trouble en ce qu'ils viennent inopportunément donner consistance et du même coup mettre fin à l'état d'inanité où, délesté de leur poids, il éprouvait un sentiment d'heureuse plénitude à n'être rien, tout au plus un simple d'esprit que son cerveau fêlé eût doué d'une sorte de candeur enfantine. Mais à peine se réjouit-il d'y avoir accédé que les voilà qui réapparaissent en force pour lui imposer leurs lois, le ramener contre son gré à cette fausse clarté raisonnante dont n'a que faire un idiot, si tant est qu'on puisse se rendre tel par un décret de la volonté.

Que de balles perdues dans le chaos d'un combat si mal engagé. Avouer son erreur, reconnaître sa défaite, telle serait la sagesse. Mais rien ne lui étant plus étranger que la paix de l'esprit, vivant sous la menace du peu de temps qui lui est imparti, il dit n'importe quoi au plus vite pour rattraper les années perdues à se taire, comme s'il pouvait par cet excès de précipitation s'acquitter d'une dette envers lui-même. Or n'est-ce pas précisément l'alourdir dans la mesure où parler à tort et à travers qui est négliger l'essentiel au profit de l'accessoire équivaut à ne rien dire du tout, bien que, sous cette forme pléthorique, le rien du tout auquel on s'abandonne sans retenue ait parfois aussi la douceur d'une délivrance ? Et sait-on seulement si ce n'est pas dans les bas-fonds de la verbosité, là où la rigueur manque, où se fait entendre le plus insignifiant, que jaillira la surprise d'une parole nouvelle ? Un rêve encore, mais un rêve qui incite, de préférence au renoncement, à courir le risque d'un dévoiement dont il ne resterait en dernière instance qu'à tirer la leçon.

Tout ce qui demandait à être sauvé de l'oubli et ne le sera jamais. Que de choses omises pour s'épargner le réveil

222

des vieilles humiliations, l'aveu de sa misère, par répugnance aussi à faire hypocritement de cet aveu un usage propre à renforcer son crédit.

Les espèces végétales et animales au printemps donnent une leçon de vie à nulle autre pareille, si ce n'est plus rarement l'éclat d'un regard entr'aperçu dans la foule anonyme des passants, lequel, pour n'être que fugitif, a parfois la beauté d'un échange amoureux.

Qu'on écoute plutôt retentir ici et se déchaîner avec la violence des éléments la pesante musique de l'être en perpétuelle gestation, dont l'énergie agressive tient au fait qu'en butte à des dissonances internes, elle reste toujours perfectible, de même qu'une exécution chorale doit être sans cesse reprise et rectifiée, mais conduite pour finir tout d'affilée d'une main si experte que de la conjugaison de ces voix mal accordées émane et s'affirme au plus haut de la jubilation une foudroyante harmonie.

S'il est vrai qu'il n'y a que l'instinct qui nous mette de plain-pied avec la vie, mieux eût valu lui accorder toute licence et, sans s'inquiéter des suites possibles, à la façon allègre de Don Giovanni, prince du moment, viveur de grand style, brûler la chandelle par les deux bouts. Défi à la sagesse, refus de s'amender jusqu'à ce que mort s'ensuive, voilà qui a autrement d'allure que la majesté d'une vie finissante voulue trop exemplaire pour ne pas susciter la méfiance ou, comme dans le cas présent, d'en être réduit à marquer le pas quand il reste tant de chemin encore à parcourir dont cette intempérance verbale a fini par brouiller et recouvrir d'une épaisseur nébuleuse le tracé aisément repérable au départ.

Faire la sourde oreille aux arguments d'une raison si infatuée d'elle-même qu'on lui oppose comme par fronde les balbutiements de l'ignorance, les convulsions du délire.

Persévérer demande le maintien d'une sorte d'ingénuité exempte d'intentions, indifférente au pourquoi et au comment, la question de savoir si cela se peut ou non étant donc à écarter en premier lieu, sauf qu'on ne l'écarte que pour se l'être d'abord posée.

Tout se passe comme si certains vocables ou phonèmes en savaient plus long que nous sur ce qu'ils désignent, et par exemple *mort* qui ne peut se lire ni s'énoncer en connaissance de cause, mais dont la seule dénomination, quelle que soit la langue, fait office selon les jours d'épouvantail ou d'antidote à la disposition de chacun.

Tenir le problème pour inexistant est une manière habile de le résoudre, sinon élégante, car elle ne va pas sans duplicité. En revanche, admettre qu'il est insoluble, et le voilà comme résolu – mais le moyen d'éviter qu'il se pose à nouveau ?

Que lui et l'autre en lui consentent à faire route ensemble d'un pas égal, la main dans la main, tout différend effacé, ne fut jamais qu'un vœu pieux.

Toute volonté d'anéantissement a des limites à ne pas franchir, devant lesquelles, pris de terreur, tu aurais tôt fait de battre en retraite. Position d'autant moins tenable qu'elle est incompatible avec l'usage de la parole maintenue envers et contre tout – voilà même la pierre d'achoppement. Demeure sans mot dire, et ton vœu sera pour une bonne part exaucé. Quant à nous qui formons un chœur de voix dissonantes mais nullement désunies, nous aurions comme par le passé à veiller sur toi, et de plus près encore, jusqu'au rien fatal qui n'est pas le rien imaginaire auquel tu avais cru naïvement accéder de ton vivant. La foi n'a jamais déplacé de montagnes.

Mais le doute qui mine l'édifice le fait parfois voler en éclats.

Telle est également notre mission, et nous l'avons déjà aux trois quarts accomplie.

Voix qui êtes miennes et cherchez à me circonvenir, vos pièges sont si adroitement tendus que je ne suis pas de force à les déjouer. La foi cependant, cette foi que vous narguez et battez en brèche, il m'en reste assez pour croire que vous n'êtes pas prêtes de prendre le dessus.

À toi d'en faire la preuve, et ce sera ensuite à nous de lever le siège pour ton plus grand soulagement, si bien disposé que tu sois par ailleurs à t'entendre dire tes quatre vérités.

Vérités non moins nocives que le refus d'y voir clair. À repousser les leurres dont vit tout un chacun, à se complaire sans risque à de prétendues remises en cause servant de caution au maintien d'une ironie dissolvante, à jouer la comédie de la lucidité, nos yeux ne sont pas dessillés ni dissipées les ténèbres de l'erreur.

Ce que le sujet perçoit ne lui appartient pas en propre, il ne le fait sien que par un abus de langage et se referme comme un bec prédateur sur une capture tout imaginaire.

Derrière le trop bien dit, sachons lire ce qui s'y dissimule d'hostile autant que d'impropre à l'expression.

L'univers n'a de présence réelle que pour qui s'en fait humblement l'écho.

Est-il trop tard pour redonner à sa démarche une efficacité qu'un abus de considérations sur sa nature et ses fins lui a fait perdre sans rien lui apporter en retour qui l'éclaire ou la justifie, impensable de lui restituer cette force d'ébranlement telle que naguère chaque figure verbale, par une sorte de transmutation alchimique, en engendrait une autre répondant à quelque nécessité intime, mais d'aucune manière à une orientation imposée par l'esprit ? Le mouvement qui l'a conduit jusqu'ici pour y stagner loin des sources de la vie dans une région plus désolée que les sables du désert, ce mouvement par lequel semble s'achever le périple, mettant en échec du même coup ou réduisant à peu de chose son projet ambitieux, le juger à tout jamais irréversible, n'est-ce pas noircir la situation, lâchement s'y résigner quand il y aurait encore, à condition qu'on veuille et se donne les moyens de l'exploiter, une possibilité d'en sortir ?

Enfant, on fait la course avec le vent. Vieillard, on lui tourne le dos en maugréant.

Laisse l'oubli se déployer comme un grand nuage derrière toi.

Non.

D'où te vient cette fermeté soudaine ?

De la peur. Une peur aboulique, pareille à celle d'un homme qui, se sachant en péril de mort, invoquerait le ciel sans remuer seulement le petit doigt. Priver l'être de la substance vitale qui l'avait fait naître et devenir ce qu'il est, s'abstraire du temps révolu, autant dire perdre son corps et son âme pour retomber en poussière.

N'est-ce pas là pourtant ce que tu souhaites ?

Non. Mais que le barrage cède sous la pression des eaux vives du langage, qu'elles aillent se répandre à profusion sur cette terre infertile, qu'elles y creusent en profondeur un lit propre à contenir et, qui mieux est, à décupler leur énergie. Rien ne doit compter que le mouvement impétueux contre lequel bute et viendra se briser la résistance que lui oppose le déni de la raison.

228

Ainsi donc, que l'impossible se produise et tu serais sauvé.

Le salut, qu'importe le salut, en est-il aucun pour qui s'achemine à grands pas vers le point suprême au-delà duquel cette notion tout humaine s'évanouit avec le reste ? Ne s'y laissent prendre que les esprits attardés qu'agite encore de nos jours la perspective d'une survie. Mais heureux temps sans doute que celui où la conduite de chacun se réglait sur l'espoir d'une rédemption et la crainte du feu éternel, le nôtre pour en avoir rejeté par-dessus bord la mythologie enfantine a parfois la neutralité glaçante d'un asile de vieillards au regard vide, attendant sagement la mort sans rien en attendre que la cessation de leurs maux.

Le second souffle est aussi le dernier. Nombre d'éléments que l'âge avait refroidis ne s'enflamment à nouveau qu'en raison de l'accélération de la chute.

Sa faiblesse qui est extrême, parfois il la ressent comme une force redoutable en ce que s'affirme par elle et se précise l'imminence de l'ultime anéantissement – perspective d'autant plus choquante qu'elle excède les limites de l'entendement, paralyse l'imagination impuissante à lui donner figure, d'où l'éventualité d'un recours instinctif aux pratiques superstitieuses inculquées dans l'enfance, celles-ci n'étant désormais que l'expression d'une angoisse proche du râle par lequel on quitte la vie, le très haut personnage invoqué rien d'autre qu'une entité anthropomorphique brillant par son absence et dont le nom, fût-il proféré sous le coup de l'égarement, ne signifie pas qu'il ait gardé un pouvoir d'emprise sur le cœur et l'esprit. Abusif serait d'y voir la preuve manifeste d'un retour au bercail, en l'occurrence d'un quelconque ralliement à une doctrine confessionnelle depuis beau temps rejetée. Ni régression infantile accomplie de sang-froid ni imploration de la toute dernière heure adressée au ciel en manière de rachat : un tic verbal sans plus, tel qu'il arrive à chacun d'en être victime dans les moments d'abandon où se perd le contrôle du langage, mais qui sonne comme l'appel d'un naufragé à la dérive.

Foudroyé au cœur ou mourir par la cime à petit feu, hors de toute vie consciente en une lente et insensible consomption où se dissout jusqu'à l'événement même de la mort qu'une demi-mort aura trop longtemps différé.

Que dans ce dernier cas chacun se détourne au plus vite avec sa compassion et son malaise.

230

Non plus mourir à longueur de journée sans bénéficier du repos de la mort, mais reprendre son rang de vivant pour lutter encore jusqu'à l'épuisement des munitions, quand même tout ce branle-bas, ces assauts répétés ne lui feraient pas gagner un pouce de terrain.

Et maintenant où ira-t-il ? Son tourment comme aussi sa force est de n'en rien savoir. Inconfortable ignorance, mais bénéfique en ce qu'elle ouvre sur l'imprévu dont peu importe s'il tarde ou ne doit pas survenir, pourvu que l'être se maintienne en état d'heureuse disponibilité, d'abandon tout entier au mouvement capricieux du hasard et ne se laisse pas abattre à la première déconvenue.

Repartir sans tarder, même si c'est dans le sens de l'erreur, car rien ne dit que le droit chemin soit celui de la vérité, mais non plus que s'en écarter fera revenir l'heure de la grâce, du tout est possible, briller à nouveau l'étoile depuis longtemps obscurcie de la chance.

Que s'apaise ce tumulte dévastateur, comme se retire d'un pays mis à sac une horde en déroute.

L'esprit doucement s'endort, il n'y a que le cœur qui se souvienne.

Transcodé et achevé d'imprimer
par l'Imprimerie Floch
à Mayenne, le 18 février 1997.
Dépôt légal : février 1997.
1ᵉʳ dépôt légal : janvier 1997.
Numéro d'imprimeur : 41004.

ISBN 2-7152-2012-X / Imprimé en France.